ケースブック　心理臨床の倫理と法

ケースブック
心理臨床の倫理と法

―――――

松田 純・江口昌克・正木祐史 編集

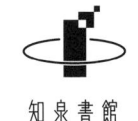

知泉書館

凡　　例

1．文献等からの引用は，文中で次のように略記する。
　　　　著書名　刊行年　　（刊行年のあとに数字が入る場合は，頁数を指す）
2．〔　〕は筆者による補足である。翻訳がある場合は，邦訳をあげているが，
　訳文は必ずしも従っていない。
3．文献詳細は巻末に一括して掲げた

は じ め に

　心理臨床の場面で心理臨床家はさまざまな倫理的葛藤に出会う。例えば，心理臨床家はセッションのなかでクライアントから聴いた個人的な情報を，通常は第三者に漏らしてはならない。「秘密保持」という原則は，心理臨床家にとって最も基本の原則である（日本臨床心理士会倫理綱領2条）。ところが，この原則を貫けないことも時に生じうる。セッションのなかでクライアントが強い自殺願望を表明し，実際にその危険があると思われる時，心理臨床家はクライアントの生命の保護を「秘密保持」の原則よりも優先し，クライアントとの約束を破ってでも，第三者にこの危険性を知らせるなどの手を打つことがある。クライアントのプライバシーを保護し，クライアントを傷つけないという原則，クライアントとの約束を守り信頼関係の維持に努めるという義務，予想される危険からクライアントを守ってやるという原則，こうした倫理原則や道徳的義務の間で，心理臨床家は葛藤せざるをえない。これらはいずれもが果すべき義務である。しかし一方を果せば，他方を果せない。この両立不可能性は「倫理的葛藤」や「モラルディレンマ」と呼ばれる。
　倫理的葛藤が生じるこうした場面で対応を誤ると，クライアントや第三者に打撃を与えかねない。重大な事態を招く怖れもあり，しばしば危険に満ちている。倫理的責任にとどまらず，法的責任が問われる事態に発展することもある。心理臨床家にとっても，重大なリスクをはらんでいる。本書『心理臨床の倫理と法』では，こうした葛藤場面で生じる倫理的・法的問題を心理臨床家はどう考え，どう対処したらよいのかについて，具体的なケースのなかで学んで行く。本書は臨床心理士養成機関における倫理と法の教育のための教科書として，さらには，すでに心理臨床に従事している専門職の生涯学習用のテクストとして編集されている。
　日本心理臨床学会や日本臨床心理士会は，それぞれ1998年，2004年に倫理綱領などを策定し，心理臨床の倫理的課題に取り組んできている。しかし，この課題についての研究は，わが国ではまだ緒についたばかりである。村本 1998や金沢 2006など，あるいはコウリーら（Corey, G., Corey, M.

S., & Callanan 2003，村本・殿村・浦谷訳 2004），ネイギー（Nagy 2005，村本・浦谷訳 2007）の翻訳など貴重な成果がもたらされているが，本格的な研究はこれからである。

　わたしたちは，2004年に静岡大学大学院人文社会科学研究科臨床人間科学専攻と人文学部法学科のスタッフが中心となって，「臨床と法」研究会を立ち上げ，2005-07年度には科学研究費の補助も受け，「対人援助の倫理と法」研究プロジェクトに取り組んできた。本プロジェクトは，臨床心理士の養成に携わる臨床心理学ならびに精神医学の教員，法科大学院・法学科教員，哲学・倫理学，社会心理学，社会福祉学の各分野の教員によって構成されている。このテーマにふさわしい学際的構成であるが，とくに刑法，民法，少年法などの法律の専門家が加わっている点に特徴がある。日本では，当該テーマでこうした構成の研究プロジェクトの成果はまだないと思われる。

　本書が，当該テーマの重要性を認識されている方々に受けとめられ，活用されることを願ってやまない。

「対人援助の倫理と法」研究プロジェクト代表
浜　渦　辰　二

目　次

はじめに ……………………………………………………………… vii

I　総論　心理臨床の倫理と法 …………………………………… 3
1．倫理とはなにか？ ……………………………………………… 5
2．倫理学と倫理理論 ……………………………………………… 11
3．必要な倫理原則 ………………………………………………… 13
4．生物医学倫理の四原則 ………………………………………… 17
5．クライアントとの関係における四つの規則 ………………… 23
　　法学レクチャー1：刑事法上の秘密の保持　27
6．倫理的葛藤（モラルディレンマ）と意思決定のプロセス …… 30
　　コラム1：モラルディレンマとは　31
　　コラム2：原則主義への批判　34
　　コラム3：プロフェッションの法と倫理　35
7．このテキストの使い方——マニュアル対応ではなく，倫理的な
　　理由を考える ………………………………………………… 37
　　コラム4：臨床心理専門職と生涯研修——日米の比較　38

II　ケースの紹介と倫理的・法的問題のポイント ……………… 41
　　コラム5：「対人援助の倫理と法」をとりまく文化
　　　　　　——援助要請傾向の日米差が意味するものは　47
　　コラム6：多文化カウンセリング　49

III　ケーススタディ編 ……………………………………………… 53

守秘とその限界
ケース1　母親へのカルテ開示と説明責任 ……………………… 55
　　法学レクチャー2：未成年者と親との関係　60
　　法学レクチャー3：カルテの開示・説明と法的責任　61
　　コラム7：面接記録（カルテ）の保管と持ち出しについて　66

　　　　コラム8：カウンセリングの料金　66

ケース2　スクールカウンセラーの守秘義務と学校との連携 ………69
　　　　コラム9：スクールカウンセリング活動と学校　73
　　　　コラム10：オープンなスペースでのSCの活動　74
　　　　コラム11：スクールサイコロジスト養成プログラムにおける
　　　　　　　　　倫理・法教育──シカゴの場合　75

ケース3　性的虐待 ………………………………………………………77
　　　　法学レクチャー4：児童虐待防止法について　90
　　　　法学レクチャー5：性非行と少年法上の虞犯　93

ケース4　企業内カウンセラーのディレンマ ……………………………97
　　　　コラム12：事業場外スタッフ（EAPサービス機関等）における守秘
　　　　　　　　　の問題　102
　　　　コラム13：米国におけるHIV陽性クライアントへの対応　103
　　　　コラム14：HIV感染者への心理社会的支援について　103
　　　　薬学レクチャー1：「死の病」から慢性疾患へ
　　　　　　　　　──抗HIV薬の開発　104

ケース5　性犯罪被害者への支援 …………………………………………107
　　　　法学レクチャー6：犯罪被害者等基本法とそれに基づく支援施策　111
　　　　コラム15：希死念慮を持つクライアントへの対応　116

ケース6　そう状態でクライアントが逮捕される ……………………119
　　　　コラム16：タラソフ判決の原則　123
　　　　コラム17：犯罪の予測可能性について　124
　　　　法学レクチャー7：秘密保持についての民事責任について　124
　　　　法学レクチャー8：犯罪の通報・捜査協力　127

ケース7　覚せい剤の使用が疑われる場合 ……………………………129
　　　　コラム18：覚せい剤についての対応　135
　　　　薬学レクチャー2：ドラッグについて　135

　　　　　　　　　　　　目　　次　　　　　　　　　xi

　　　法学レクチャー9：少年事件の手続　139
　　　法学レクチャー10：未成年者に対する監督義務　142

多重関係
ケース8　クライアントとの恋愛関係 ………………………147
　　　コラム19：多重関係と文化感受性　151
　　　コラム20：転移・逆転移　152
　　　コラム21：職能団体の倫理委員会　152

価値観と自己決定
ケース9　終末期の心理臨床 …………………………………153
　　　コラム22：終末期医療をめぐる動き　158
　　　コラム23：尊厳死とリビングウィルの法制化をめぐるアメリカと
　　　　　　　　ドイツの現状　159
　　　コラム24：専門家の説明モデルと病いのナラティヴ　160

ケース10　羊水検査を受けるかどうか ………………………163
　　　コラム25：出生前診断と選択的（人工妊娠）中絶　168
　　　コラム26：胎児条項　169
　　　コラム27：ロングフル・バース訴訟，ロングフル・ライフ訴訟　169

研究倫理
ケース11　事例発表・出版についての承諾 …………………173
　　　コラム28：研究の倫理　176
　　　法学レクチャー11：事例を公表することによる守秘義務違反と，
　　　　　　　　その民事責任　177

IV　資料編 ……………………………………………………179
日本臨床心理士会倫理綱領 ……………………………………181
法令・判例のインターネット検索 ……………………………187
あとがき …………………………………………………………193
文献一覧 …………………………………………………………195
索　　引 …………………………………………………………199

目　次

コラム・レクチャー目次

コラム 1　モラルディレンマとは／松田　純　31
コラム 2　原則主義への批判／松田　純　34
コラム 3　プロフェッションの法と倫理／藤本　亮　35
コラム 4　臨床心理専門職と生涯研修——日米の比較／田畑　治　38
コラム 5　「対人援助の倫理と法」をとりまく文化——援助要請傾向の日米差が意味するものは／橋本　剛　47
コラム 6　多文化カウンセリング／小島孝子　49
コラム 7　面接記録（カルテ）の保管と持ち出しについて／早矢仕彩子　66
コラム 8　カウンセリングの料金／早矢仕彩子　66
コラム 9　スクールカウンセリング活動と学校／早矢仕彩子　73
コラム10　オープンなスペースでのSCの活動／江口昌克・松田　純　74
コラム11　スクールサイコロジスト養成プログラムにおける倫理・法教育——シカゴの場合／渡部敦子　75
コラム12　事業場外スタッフ（EAPサービス機関等）における守秘の問題／江口昌克　102
コラム13　米国におけるHIV陽性クライアントへの対応／江口昌克　103
コラム14　HIV感染者への心理社会的支援について／江口昌克　103
コラム15　希死念慮を持つクライアントへの対応／江口昌克　116
コラム16　タラソフ判決の原則／磯田雄二郎　123
コラム17　犯罪の予測可能性について／磯田雄二郎　124
コラム18　覚せい剤についての対応／磯田雄二郎　135
コラム19　多重関係と文化感受性／早矢仕彩子・江口昌克　151
コラム20　転移・逆転移／早矢仕彩子　152
コラム21　職能団体の倫理委員会／早矢仕彩子　152
コラム22　終末期医療をめぐる動き／浜渦辰二　158
コラム23　尊厳死とリビングウィルの法制化をめぐるアメリカとドイツの現状／浜渦辰二　159
コラム24　専門家の説明モデルと病いのナラティヴ／南山浩二　160
コラム25　出生前診断と選択的（人工妊娠）中絶／玉井真理子　168
コラム26　胎児条項／玉井真理子　169
コラム27　ロングフル・バース訴訟，ロングフル・ライフ訴訟／松田　純　169
コラム28　研究の倫理／松田　純　176

法学レクチャー 1　刑事法上の秘密の保持／正木祐史　27
法学レクチャー 2　未成年者と親との関係／宮下修一　60

目　次

法学レクチャー 3　カルテの開示・説明と法的責任／宮下修一　61
法学レクチャー 4　児童虐待防止法について／正木祐史　90
法学レクチャー 5　性非行と少年法上の虞犯／正木祐史　93
法学レクチャー 6　犯罪被害者等基本法とそれに基づく支援施策／白井孝一　111
法学レクチャー 7　秘密保持についての民事責任について／宮下修一　124
法学レクチャー 8　犯罪の通報・捜査協力／正木祐史　127
法学レクチャー 9　少年事件の手続／正木祐史　139
法学レクチャー−10　未成年者に対する監督義務／宮下修一　142
法学レクチャー−11　事例を公表することによる守秘義務違反と，その民事責任／田中克志　177

薬学レクチャー 1　「死の病」から慢性疾患へ——抗 HIV 薬の開発／川村和美　104
薬学レクチャー 2　ドラッグについて／川村和美　135

ケースブック

心理臨床の倫理と法

I

総　論

心理臨床の倫理と法

総論では，心理臨床の倫理について以下のように考察する。
1．初めに倫理や道徳とは何かについて，言葉の起源から説明する。古代中国の漢字の意味にさかのぼるとともに，現代の「倫理」「道徳」という語が西洋の ethics や moral の訳語であるという二重性に注目する。
2．倫理理論をめぐっては，大きな対立があり，確固とした倫理理論から具体的な倫理的な行動を導けるほど，倫理は簡単ではない。
3．心理臨床の倫理を語ることもけっして簡単ではない。それでも，場当たり的な対応に陥らないために，なんらかの倫理原則を必要とする。心理臨床のための倫理原則として，コウリーらは自律，無危害，善行，正義，誠実，正直の六つをあげている（Corey et al. 2003, 村本他訳 2004）。これは米国の生命倫理学に由来するものである。そこで，心理臨床についての倫理を探索するにあたって，先行する生命倫理学の成立事情を歴史的に考察する。
4．その歴史のなかから定式化されてきた「生物医学倫理の四原則」（自律，無危害，善行，正義）について，医療分野に限定せず，心理臨床の場面をも意識して，考察する。
5．四原則からさらに四規則（正直，プライバシー，秘密保持，誠実）が導かれる。これらは患者に対する医療者の関係を律する規則とされている。これらをクライアントに対する心理臨床家の関係のなかで考察してみる。
6．倫理問題に直面したとき，四原則と四規則は問題を分析する際の参照の枠組みとなりうる。しかし，これらをケースに直接当てはめれば自動的に答え（対応策）が出てくるといったものではない。四原則と四規則から導かれる行動方針が互いに葛藤に陥ることがしばしばある。これがモラルディレンマである。こうしたときにこそ，倫理問題が強く意識される。モラルディレンマに直面したとき，どうゆうプロセスで意思決定をしたらよいのかについて考える。
7．最後に本書の使い方について述べる。

1．倫理とはなにか？

(1) 「倫理」の語義
侖（説文 𧼯）は，白川静の『新訂 字統』および『常用字解』によれば，

「木簡などの編冊をまるく巻いた形」で，順を追って一連のものとして丸くまとめられているもの，輪のようにひとつながりになって全体としてひとつの秩序をなすものをいう。「倫」は，つながりのある人間どうし，なかま，輩（ともがら）を意味し，父子・兄弟・夫婦など，互いに一対の関係をなすものをいう（白川 2003, 654，白川 2004, 924-925）。（ちなみに，言偏がつけば論となり，単なるおしゃべりではなく，言葉を順序よく整然とまとめて討論することを意味する。車偏がつけば輪となり，車輻（スポーク）が整然と並んだ車輪を表す。）

「理」は玉＋里からなる。白川静によれば，里は，「田＋土」の会意文字で，土は社のもとの字であることから，田の神を祀る社のあるところを里という。理は「玉を理むる」こと。すなわち宝石を磨いて文理（すじ目，あや）をあらわすことをいう。そこから，「おさめる，磨く，ただす」という意，さらに「すべて条理のあること」を意味する（白川 2003, 642-643，白川 2004, 903-905）。倫＋理は，倫にもともと含まれているひとつの秩序という意味を強める形になる。

「倫理」という語は，紀元前の儒教の経典にも見られ，非常に古い語である。『禮記』の「樂記」篇に「総じて音は人の心より生ずるものである。樂は**倫理**に通じるものである（凡音者，生於人心者也；樂者，通於倫理者也）」とある（『禮記』は，〈礼〉についての儒教の基本経典のひとつ。成立は非常に古く紀元前1, 2世紀。「樂記」篇は『禮記』49篇中の1篇で，音楽の理論書）。これに後漢の経学者 鄭 玄（127-200）は，「倫はほとんど類の意味である。理は分である（倫猶類也　理分也）」と注釈を加えている。倫理はもともと物の条理，事物の筋目や区別という意味をもつ。後に，事物間の関係を意味するようになり，「人倫」という語が使われるようになる。人倫は，**人と人との関係，人間どうしのあるべき関係，人として行うべきすじ道，人間の道**という意味をもつ。

中島力造（1858-1918）は「倫理学と云ふ名は予等のつけたるものにして，倫は人道，理は理論の意なり」と端的に説明していた（萩原 1924, 2）。

和辻哲郎（1889-1960）は，倫と理の重ね合わせについて，こう述べている。理は「ことわり」「すじ道」である。それが人間生活に関係させられれば，理の一語をもってすでに「道義」の意味をもちうる。だから「倫理」と熟する場合にも，ここに何ら意味の拡大は見られない。ただ「倫」

がすでにもつところの〔人の〕道の意義を「理」によって強調するのみであると（和辻 1980, 8）。

倫も理も人間関係の秩序，人として進むべきすじ道の意味であり，「倫理」は，類似の意味をもつ二語を重ねて作られたものである。

(2) 「道徳」の語義

倫理と類似した言葉に「道徳」がある。この語について白川静は次のように解説している。「道」は「首を手に携えて行く」ことを表している。古代中国では，他の氏族がいる土地は，その氏族の邪霊などがいて災いをもたらすと考えられていた。そこで異族の首を携えて，道を祓い清めながら進んだ。首は道路や関門を祓うまじないとして，強い呪力をもつものと考えられていたからだ。このように道を祓い清めながら進むことを導といい，祓い清められたところを道という。こうして啓かれた道は「人が安んじて行くところであるから，人の行為するところを道といい，道徳，道理の意」となる（白川 2003, 490，白川 2004, 680）。

「徳」（金文）はイ＋省＋心を組み合わせた形である。「省」（金文）は目の呪力を強めるために眉に飾りをつけ，強い呪力のある目で見回ることをいう。省道は道を見回り祓い清めることを意味する。心は心臓の形を表している。古代中国では，心臓が生命の根源であるとともに，思考の場と考えられていた。省にイと心がつくことで，目の威力を他の地に及ぼすという意味となる。

徳は呪飾によって強められた目の呪力をいう字であったが，「そのような威力が呪飾による一時的なものではなく，その人に固有の内在的なものであることが自覚される」ようになって，徳の概念が生まれたという（白川 2003, 359, 493，白川 2004, 684）。

このように徳にはその人にそなわったものという意味があるので，現代日本語でも，「道徳」という語は，個人に固有の内面的なものを指し示す傾向がある。広辞苑第6版では「人のふみ行うべき道。ある社会で，その成員の社会に対する，あるいは成員相互間の行為の善悪を判断する基準として，一般に承認されている規範の総体。**法律のように外面的な強制力を伴うものではなく，個人の内面的な原理**」と定義している。

これに対して，「倫理」は，整然と並ぶ，すじ目，ともがらといった原意に対応して，社会的な面を指し，内面的な心情ではなく，社会的にもす

じの通った行動や，そのための系統的に整理された基準・規範という意味が濃い。両者を厳密に区別することはできないが，現在の日本語の道徳と倫理には，そうしたニュアンスの違いがある。

(3) ethics と moral，倫理と道徳

ただし，現代日本で使われている「倫理」や「道徳」という語の意味を，中国の古典に見られるような原義からのみ理解することはできない。明治期に，それらが西洋語の ethics や moral の翻訳語として選定されたという事情があるからだ。こうした事情を理解するためにも，まずは ethics と moral が何を意味するかを確認する。

英語の ethic（複数 ethics）はギリシャ語の ethos（ἦθος エートス），その形容詞形 ethikos に由来する。ethos は習俗，性格，品性を意味し，ethikos は性格の，倫理的な，道徳的な，などの意味である。

英語の moral はラテン語 moralis に由来する。ethos エートスに当たるラテン語がなかったため，キケロ（Cicero, B. C. 106-43）が，ethikos（倫理的な）に当たる形容詞を，習俗を意味するラテン語 mos（複数形 mores）をふまえ，moralis と訳した。名詞形は moralia である。したがってギリシャ語 ethikos とラテン語 moralis は同義である。

日本では ethics を倫理学あるいは倫理，moral を道徳的な，道徳と訳し分けることが多い（ethics, moral と倫理，道徳という訳語の関係については，神崎（2006）623-625参照）。ethics と moral はどう違うのだろうか？

ethics は社会的，体系的，moral は個人的，内面的，心情的というニュアンスがあり，日本語の倫理と道徳のニュアンスもそれに対応している。しかし，ethics と moral とがいつも厳密に区別されて用いられているわけではない。ethics はギリシャ語起源で，moral はラテン語起源であるが，ともに習俗を表す ἦθος または mos を語源としている。両者はしばしば互いに言い換えられる。倫理ならびに道徳は，心の内面の問題であると同時に，社会的な習慣や制度の問題でもあり，両者は不可分であることから，倫理と道徳，ethics と moral は区別できるようで，区別できない。

ただし，ethics には，理論上・論理上からの倫理原理の考究という意味もある。ethics（独：Ethik，仏：éthique）は倫理学と倫理を同時に表す。これに対して，moral には学問の意味はないので，学問を表す場合は，

moral philosophy（道徳哲学），moral science（道徳科学）などのように別の語を付加する。

　これまで見てきたように，古語における倫理と道徳，ethics と moral は，明確に区分できるものではない。

(4) 倫理問題ではなく倫理学的問題

　「倫理」も「道徳」も非常に古い語である。しかし現代日本で「倫理（学）」というとき，伝統的な古語の意味を直接指すわけではない。日本が明治期に西洋の学問を輸入したとき，西洋の ethics の訳語として，伝統的な語「倫理」を転用して「倫理学」としたところから，「倫理」は新しい意味を担って復活した。つまり，「倫理」という語は，中国の古典にすでにあった語だが，今日の「倫理学」あるいは「倫理」という語は，ethics という西洋語の訳語として，儒家用語「倫理」を転用して新たに成立した。子安（2000）はこの翻訳語の成立事情を分析し，今日の日本で「倫理（学）」について考える上で，非常に重要な問題を提起している。次に子安が解明したその成立事情を見る。

　近代日本に西洋哲学を初めて本格的に紹介した西周（1829-1897）は『百學連環』のなかで ethics を「名教學」と訳した（名教とはすぐれた教え）（西 1981, 159）。当時ほかに，道徳學，道義學，人道學，修身學などの訳語が用いられていたが，明治10年後に倫理学で統一された（麻生 1974, 235）。

　これを受け，東京帝国大学哲学科における日本人初の哲学教授，井上哲次郎（1855-1944）は『哲学字彙』（1881，覆刻版，1980）のなかで，ethics を「倫理学」とし，「考えるに，『禮記』の「樂記」篇に，"倫理に通じる"という言葉がある。また『近思録』に，"倫理を正して恩義を篤くする"という言葉がある（按，禮樂記，通于倫理，又近思録，正倫理篤恩義）」と注記している（『近思録』は宋代に起こった新儒学（朱子学）の体系と理念を朱子らが一書に編纂したもの）。西洋の ethics に「倫理学」の訳語を与えながら，同時に中国のはるか昔の文献のなかに，その典拠を明らかにしている。

　しかし井上は倫理という語を，何よりも「倫理学」という学問の意味で用いようとした。井上は1883（明治16）年に，近代日本初の倫理学の教科書『倫理新説』（井上 1883）を公刊する。彼はこのなかで，新たな倫理の

提唱をもくろんだのではなく，近代日本に西洋の学問をモデルにした倫理学という新たな学科を定礎しようとした。倫理学の問題とは，西洋倫理学 ethics の枠組みに基づく，理論上・論理上からの倫理原理の考究だった。ここには，現実社会から隔絶した講壇倫理学とも言うべきアカデミズムの弊害が見てとれる。

　わたしはかつて，旧帝国大学の倫理学の高名な名誉教授から，自分は倫理学を研究しているが，あまり「倫理的な」人間ではないので，「倫理のことは○○君〔当時の倫理学科の現職教授〕に任せている」という冗談を聞いたことがある。しかし，これは冗談であって，冗談ではない。すでに述べたように，ethics は倫理と倫理学を同時に表す。ところが日本では，倫理と倫理学は明らかに違う。倫理は日常の生活のなかでも，誰にも求められるものだが，倫理学は人文系の一学問分野であって，主に倫理学者や倫理学研究者が取り組むものだからだ。ethics を訳すとき，「倫理」と訳すか，「倫理学」と訳すか，いちいち悩まなければならない。ここには，日本における近代「倫理学」の成立事情がある。

　日本における倫理と倫理学との分裂状況は，近代語「倫理学」という概念の誕生とともに始まっていた。明治日本にまず成立しなければならなかったのは「倫理」ではなく，ethics の訳語としての「倫理学」だった。明治日本の若き哲学士たちは「倫理問題」に直面したのではなく，まず「倫理学問題」に直面した。「倫理学」が「倫理」に先立って成立した。子安（2000）が解明したこうした事情は日本のアカデミズムにおける倫理学の性格を規定していく。倫理問題はあくまでも「倫理学問題」から派生する二次的問題でしかない。倫理学は，現実社会に発生する倫理的・道徳的問題を（今日の応用倫理学，臨床倫理学のように）引き受け，それへの応答を通じて自らの学問的あり方をも問いただそうとはしない（子安 2000，9）。「倫理学」という日本の近代的概念は，その成立の時点から，浮世離れした抽象性をもっていた。日本の倫理学は，長らく現実の倫理問題ではなく，倫理学問題を扱ってきて，最近になって，現実に迫られる形で，医療倫理・生命倫理，応用倫理に関わり出した。

　いま日本人にとって，「道徳」と言うと，ある程度イメージできるが，「倫理」と言われても，何をイメージしてよいかわからないという状況がある。ここには上記のような根の深い歴史的事情が横たわっている。

2．倫理学と倫理理論

(1) ソクラテス：「善く生きる」

　西洋の事情は日本とは異なる。倫理学には二千年を超える長い歴史がある。習俗（$\mathring{\eta}\theta o\varsigma$, mos）と，倫理，そしてその言説化である倫理学は不可分である。西洋のあらゆる学の起源である哲学の本格的な始まりは，ソクラテス（B.C. 470-399）の倫理的な考究に始まる。ソクラテスは，人はただ生きるのではなく，「善く生きる」のでなければならないと考えた。「善く生きる」とはどういうことか？　この探究が，ソクラテスにとっての「智（$\sigma o\varphi \acute{\iota} \bar{a}$）を愛する（$\varphi \iota \lambda \acute{\epsilon} \omega$）」営み，すなわち哲学（$\varphi \iota \lambda o \sigma o \varphi \acute{\iota} \bar{a}$ → philosophy）の中心テーマだった（岩田 2005参照）。

　以来二千年以上にわたって哲学・倫理学という学問は人間の生き方について考究してきた。二千年も同じテーマを追究してきたなら，すっかり答えも出て，もう研究すべきことはないのではないかと思うかもしれない。実際はまったく逆で，倫理学はいまなお根本的な対立をかかえたままである。ジョン・スチュアート・ミル（John Stuart Mill, 1806-73）も『功利主義論』（1861年）のなかでこうした事態を嘆いていた。「二千年以上たってもまだ同じ論議が続いており，哲学者たちはいまなお同じ旗印を掲げて対立している始末である」と（Mill 1863, 伊原訳 1972, 461）。

(2) 対立する倫理理論

　倫理学の分野で，万人が認める普遍的で不動の倫理理論があるわけではない。それどころか，最も原理的なところでの争い・論争がある。例えば，功利主義 vs. 義務論という対立がある。

　功利主義（utilitarianism）とはジェレミ・ベンサム（Jeremy Bentham, 1748-1832）やミルによって定式化された倫理理論である。それは，行為がもたらす結果のみを重視し，結果の善し悪しで，行為の道徳性を判断しようとする立場，「帰結主義（consequentialism）」である。その行為が影響する人々の快と幸福が最大となるように行為せよ，すなわち「最大多数の最大幸福」という原理で行為の正邪を判断する。

　これに対して，義務論（deontology）はこう主張する。行為の結果のみで善悪を判断すると，「ウソも方便」という言い訳を簡単に許してしま

う。快や幸福を客観的に定義することは難しく，人それぞれの基準で行為を道徳的に判断してしまい，万人を拘束する倫理規範が成り立たなくなる。行為の正邪は，その行為が人間の守るべき義務に従っているか否かで，判断すべきだ。

　イマヌエル・カント（Immanuel Kant, 1724-1804）は，例えば「ウソをつく」ということが道徳的に正しいかどうかを知るには，これが普遍的な規則の原理になった場合どうなるかを考えてみればよいと言った。「ウソをつく」ということが普遍的な規則の原理になると，みんながウソをつくので，誰も他人の言うことを信用しなくなり，ウソをついて相手をだますことができなくなる。つまり「ウソ」というものが成り立たなくなる。「ウソをつきなさい」という命令は自己崩壊する。反対に，「ウソをつくな」「約束を守りなさい」ということは普遍的に妥当する倫理的義務となる。これは行為の結果に関わりなく，守るべきものとされる。以上のことをカントは，『実践理性批判』のなかでこう定式化した。

　　あなたの意思の格率が常に同時に普遍的な立法の原理として妥当しうるように，行為せよ（Kant 1788, 波多野・宮本・篠田訳 1979）。

　格率（または格律 Maxime）とは，行為を決める際の，その人自身の規則のことで，この自身の規則が誰にとっても妥当する普遍的な法則となりうる場合に，その規則に従う行為は道徳的に善だとカントは考えた。
　いま仮に，功利主義と義務論のそれぞれから，とるべき具体的な行動を導くとする。診断の結果がんの末期で余命いくばくもない患者から「わたしの病状はどうなんでしょう？」と医療者が尋ねられたとする。功利主義は患者本人あるいは家族などの関係者の最大幸福を考量して，ときにぼかし，ときには「何の心配もない」と励ますかもしれない。義務論者は，「ウソをつかない」というのが普遍的な義務なので，たとえ患者が大きなショックを受けようとも，病状を正直に伝えることが義務だと考え，余命まで明言するかもしれない。
　功利主義と義務論にはいずれも一長一短があり，両者の論争はいまもって決着がついていない。それゆえ，万人が共有できる倫理理論があり，確固とした原則からさまざまな下位の規則が導き出され，それを具体的なケースにあてはめれば答えが得られる，というほど甘くはない。倫理（学）

に安直なマニュアルはない。

3．必要な倫理原則

　それでは単に場当たり的な対応しかできないではないかと不満が出るであろう。心理臨床のケースは微妙で複雑であり，ケースごとに事態を的確に見極め，状況に即した対応が求められる。それでも，倫理的に配慮する際に，よりどころとなるものがほしい。宗教的信念があれば，あらゆる行動をその信条から導き出すという生き方もできよう。しかし宗教的信念をもたない人は，そうした生き方を共有できない。世俗社会のなかでおおかたの人が認め合い共有できる倫理原則が必要だ。

　例えばコウリーらは，心理臨床における倫理的決定のモデルについて幾人かの著者たちが提起したもの（米国の心理学界を中心に展開されたもの）を寄せ集めて一つにする形で，六つの倫理原則を提示している。自律（autonomy），無危害（nonmaleficence），善行（恩恵 beneficence），正義（justice），誠実（fidelity），正直（veracity）の六つである（Corey et al. 2003，村本他訳 2004,21-25）。これらの倫理原則は，心理臨床家が倫理的葛藤に陥ったとき，どのような倫理問題がそこにあるのか，それがいかなる性質の葛藤なのかを理解し，問題点を整理する上で役立つ。この六原則は心理臨床の倫理から独自に形成されてきたものではなく，米国生命倫理学の「生物医学倫理の四原則」をふまえたものである。次にこの原則が出てきた歴史的な背景を見ながら，その内容を考察する。

(1) 先行する生命倫理・医療倫理を参照する

　心理臨床の倫理は，米国ではある程度の蓄積があるが，わが国ではようやく本格的な議論が始まったところであり，これから開発されなければならない新領域である。その際，手がかりになるのは，医療倫理学・生命倫理学であろう。医療倫理学（医の倫理）には「ヒポクラテスの誓い」以来，二千数百年の長い歴史がある。これに対して，生命倫理学は1960年代の米国に登場した新領域ではあるが，すでにおよそ40年の歴史をもち，日本の医療界にも浸透し，定着しつつある。臨床心理士は日本ではまだ法的に規定されていないため，国家資格をもたないスタッフとして，「心理臨床家」や「カウンセラー」「セラピスト」などの肩書きでクライアントに接して

いる。現状では，病院に勤務する臨床心理士も多く，彼女／彼らは治療・援助チームの一員として活動している。その意味でも医療倫理・生命倫理を参照する必然性があろう。

とはいえ，医療分野ですでに確立したものを心理臨床の領域に適用すればよいという単純なものではない。そもそも，生命倫理学の分野においても，万人に認められた普遍的で不動の倫理理論があるわけではない。それどころか，上記の功利主義 VS. 義務論の対立は生命倫理学においても大きな論争点であり，決着はついていない。

倫理理論上の根本的な対立のみならず，より実践的なさまざまなレベルでも論争がある。例えば，患者の自律，自己決定（権）の尊重，そこから導かれるインフォームド・コンセントは，基本原則として広く医療分野のみならず，さまざまな社会領域で認められるようになったが，反面，強すぎる自己決定論への反発もある。例えば，ドイツの生命倫理学では，自律尊重はもちろん重要な原則だが，個人の自己決定は，それを支えあう連帯社会のなかで初めて可能となる，という考えが優勢である。ドイツにかぎらず，大陸ヨーロッパの生命倫理学は米国のそれとは異なる傾向をもつ。生命倫理学もけっして一枚岩ではないので，われわれは生命倫理学の成果に学びながら，心理臨床分野における倫理を実践的かつ探索的に考究していかなければならない。

(2) 医の倫理の伝統と，生命倫理学の誕生

まず伝統的な医の倫理と，生命倫理学の誕生の背景を見た上で，現在の医療や医学研究のなかで重要視されている倫理原則を考察する。

「医の倫理」（医師の職業倫理）の歴史は古く，西洋では，いまから二千数百年前の古代ギリシャの「ヒポクラテスの誓い」に始まると言われている。そこには，次のように謳われている。

- 自身の能力と判断に従って，患者を利すると思う治療法を選択し，害と知る治療法を決して選択しない。
- 依頼されても人を殺す薬を与えない。
- 婦人を流産させる道具を与えない。
- どんな家を訪れる時も，そこの自由人と奴隷の相違を問わず，不正を犯すことなく，医術を行う。
- 医に関するか否かにかかわらず，他人の生活についての秘密を遵守す

る。

ここには現代にも通じる内容も含まれており，現代の医学生が診療実習に踏み出す際，プロフェッション（専門職）としての自覚を高めるために，宣誓に使われることもある。

こうした伝統的な「医の倫理」に対して，1960年代に米国において，人体実験をめぐるスキャンダルのなかから生命倫理学（bioethics）が誕生し，現代医療の技術的進歩が投げかける倫理的諸問題への対応や，消費者としての患者の「知る権利」や「自己決定権」を主張する運動のなかで発展してきた（香川 2000）。そのなかで，今日の対人援助分野でも基本原則とされる倫理的な諸原則が定式化されてくる。それは「ベルモントレポート」(1978年) と『生物医学倫理の諸原則（Principles of Biomedical Ethics)』(1979年) のなかでなされる。

(3) ベルモントレポート

ナチスの医師たちが戦時中，非人道的な人体実験を行ったことはよく知られている。これら非道な人体実験は戦後ニュルンベルク法廷で裁かれた。この裁判を行うために，米国医師会の要請によってニュルンベルクに派遣された生理学者・薬理学者アイヴィー（Andrew C. Ivy 1893-1978) が検察側証人として提示した人体実験の普遍的な倫理基準，これが「ニュルンベルク綱領」(1947年) である（小俣 2003）。

綱領は，医学的研究において，「被験者の自発的同意が絶対に必要である（The voluntary consent of the human subject is absolutely essential.)」と謳い，情報を提供された上での被験者の明示的な同意が不可欠であることを明確にした。これが今日の研究倫理における「インフォームド・コンセント」という概念へと発展していくことになる。

しかし米国では，ニュルンベルク綱領は，ナチスのような「野蛮人にはよい綱領だが，正常な医師・科学者には不必要な綱領」だとして，実際には無視された（香川 2000, 20）。戦後も，倫理的に正当化できない研究や人体実験が続けられ，それらがスキャンダルとして明るみに出てくる。なかでも有名なのが，1972年に公になったタスキギー梅毒研究である。これは1932年からタスキギー市の黒人600名を対象に，米公衆衛生局によって40年にもわたって続行された研究である。梅毒患者を，告知なしに，病状の経過観察の対象にし，梅毒にペニシリンが有効とわかったのちも治療を

受けさせずに，健常者群と比較対照するだけにし，患者が死亡したら直ちに病理解剖に回していた。この事件の報道を機に，連邦議会も動き，1974年に，医学研究を規制する「国家研究法（National Research Act）」が制定された。本法には，「生物医学および行動科学研究の被験者保護のための全米委員会（National Commission for the Protection of Human Subjects of Biomedical and Behavioral Research）」の設置も定められていた。この委員会が1978年に人体実験全般にわたる法規制を勧告する。これがベルモントレポート（The Belmont Report）と呼ばれる「研究における被験者保護のための倫理原則とガイドライン」である。

ベルモントレポートは「基礎的な倫理原則（Basic Ethical Principles）」として三つの原則を掲げている。

> 「基礎的な倫理原則」という表現は，<u>人間の行為に関するさまざまな具体的な倫理的指示や評価を正当化するための基礎的な根拠として役立つ一般的な判断</u>を指す。人体実験を伴う研究の倫理性に対しては，<u>われわれの文化的伝統において一般的に受けいれられているものの中でも，とりわけ三つの基礎的な原則</u>が重要である。すなわち，人格の尊重 respect for persons, 善行 beneficence, 正義 justice の原則である（The Belmont Report 1979, 下線は引用者）。

人体実験，すなわち人を対象とした研究において，その研究が倫理的に正当か否かを判断する際のよりどころとして，「われわれの文化的伝統において一般的に受けいれられているもの」のなかから特に重要なものとして取り出したもの，それが上記三原則だと言っている。この三原則はあらゆる倫理的論争を一刀両断に解決する絶対的な原則ではなく，人を研究対象とするときに，現代民主主義社会のなかで認められていることを「基礎的な原則」として定式化したものにすぎない。

人体実験を規制する個々の規則をいろいろあげても，現実の「複雑な状況に適用するに十分ではないことがしばしばあり，ときにはあい矛盾し，解釈や適用が難しい場合も多い」。そこで，個々の規則よりも「もっと広い倫理原則（broader ethical principles）があれば，個々の領域のルールを策定し批評し解釈するための基盤を提供するだろう」とレポートは述べる。

ここに示す三原則は……，人を対象とする研究に付随する倫理的問題を理解する手助けとなるよう一般化されたレベルで述べられている。これらの原則は個々の倫理的問題を，論争を乗り越えて解決するために，いつでも適用できるというものではない。三原則を掲げることで目指しているのは，人を対象とする研究から生じてくる<u>倫理的諸問題を解決へと導くような分析的枠組みを提供する</u>ことである（The Belmont Report 1979，下線は引用者）。

　三原則は，場当たり的な状況しだいの倫理に陥らないために（香川2000，202），個々の規則(ルール)より一段上位にある「より広い原則」であって，倫理的諸問題を分析する基本的な枠組みを与え，個々の規則(ルール)を吟味する基盤となることが期待されている。

　三原則のそれぞれについて，次のように説明されている。

(1) 人格の尊重（respect for persons）：①個人を**自律**的な主体として認め，②自律が弱くなっている個人を保護する。

(2) **善行**（恩恵 beneficence）：①害をなしてはならない（do no harm **無危害**），②利益（benefits）をできる限り大きくし，害（harms）をできる限り小さくする。

(3) **正義**（justice）：人を平等に扱い，利益と負担を公平に分配することを意味する。

4．生物医学倫理の四原則

　ベルモントレポートの作成に協力したトム・L・ビーチャム（Tom L. Beauchamp）とジェイムズ・F・チルドレス（James F. Childress）は1979年に共著『生物医学倫理の諸原則』（Principles of Biomedical Ethics.）を著す（1983，1989，1994，2001年に改訂版）。このなかで，ベルモントレポートの自律尊重，善行，正義に，無危害を加え，四原則を定式化した。これが「生物医学倫理の四原則」と呼ばれるものであり，今日，生命倫理・医療倫理の世界で広く受け容れられている。この共著における四原則の説明を次に紹介しながら，心理臨床分野における四原則の意味を考えてみる。

(1) 自律尊重原則（The Principle of Respect for Autonomy）

自律（autonomy）はギリシャ語の autos（自己）と nomos（規則，支配）に由来する語である。古代ギリシャのポリスでは，市民自らが自分たちの法を作っていた。autonomia は当初，都市国家における自治を指していたが，その後，政治的な自己支配の意味から，個人による自己コントロールの意味へと拡張し，自己統治，自由権，プライバシー，個人的選択，自己の意思に従う自由，自己の行動を起こすこと，自ら人格であることなど，多様な観念の集合体を指すものとして用いられようになる（Beauchamp & Childress 1989，永安・立木訳 1997, 79-80）。

自律的行為者を尊重するとは，個人的な価値観と確信に基づいて自分の見解をもつ権利や，選択する権利，行為する権利を含めて，本人の能力や見方を認めることである。行為者を自律的に行為させ，あるいは行為者が自律的に行為しうるよう扱うことを意味する。

自律の尊重についての近代的な理解を形成したものとして，ビーチャムとチルドレスはカントとミルをあげている（Beauchamp & Childress 1989，永安・立木訳 1997, 84）。カントは，「あらゆる人の人格のうちにある人間性を，いつも同時に目的として扱い，けっして単に手段としてのみ扱わないように行為せよ」と言った。人を単に手段としてのみ扱うことは，その人の自律的な意思を踏みにじることになる。

ミルは『自由論（On Liberty）』（1859年）のなかで，個人に対する社会的統制が正当であるのは，他人への危害を防止するのに必要な場合のみだとした（Mill 1863，伊原訳 1972）。他人に危害や迷惑を及ぼさない行為は，たとえ道徳的な非難に値したとしても，それを法律によって強制的に禁止することはできない。われわれは，個人の思想や行動が他者に重大な危害を与えないかぎり，その個人の見解や権利を尊重しなければならない。これが自由主義社会の基本原則になり，今日，「自由権」や「プライバシー権」と呼ばれるようになった。

カントは義務論を代表し，ミルは功利主義を代表する。先に見たように，義務論と功利主義はあい対立する倫理理論と理解されている。それぞれの代表的な提唱者が，自律尊重原理を支持するために呼び出されている。ここにも，対立する倫理理論を超えて，倫理問題を検討する共通の「基礎」としての「原則」の意義を見ることができよう。

原則の応用としてのIC　　この原則から，研究や，医療，福祉などにお

けるインフォームド・コンセント（IC と略）という規則が出てくる。IC の基本的な機能は，患者や**クライアント個人の自律的選択を保護し可能にすること**である。そのために，情報を開示し，クライアントや研究対象者の同意を得ることが求められる。

　かつて医療は「お医者様まかせ」だった。医師は医学の専門家として圧倒的な権威を保ち，医師と患者との間には，圧倒的な知識・情報の差があった。患者は「先生様」が選択した治療を指示どおりに受けた。ところが，3(2)で述べたような経緯から，医療は患者の意思に基づいて受けるものであるという「患者の自己決定権」という考え方が登場してくる。米国病院協会「患者の権利章典」1973年はこう謳う。

・患者は，自分の診断・治療・予後について完全な新しい情報を，自分に充分理解できる言葉で伝えられる権利がある。
・患者は，何かの処置や治療を始めるまえに，IC を与えるのに必要な情報を医者から受け取る権利がある。

こうした運動を受けて米国で1991年に「患者の自己決定権法（The Patient Self-Determination Act）」が制定された。

　心理臨床のIC　　現在では「医療は医師と患者との相互信頼を基盤にした共同作業」（金沢 2002）と考えられるようになった。心理臨床も，心理臨床家とクライアントとの相互信頼を基盤にした共同作業であり，IC は重要にして不可欠なものである。心理臨床家は，クライアントに対して，**心理臨床の目標，効果とリスク，カウンセリングの時間，回数，料金と支払い方法，心理臨床の期間とその終了，相談記録とその扱い，守秘義務とその限界，いつでも心理臨床を中止できること**などを説明しなければならない。説明はわかりやすくする。相手（クライアント）に理解されなければ，情報提供したことにはならないからだ。「同意書にサインをもらえば，IC は終了」と考えてはならない。口頭だけではなく，わかりやすい文書などを用意して説明すると効果的である。

　IC を実質的に機能させるためには，IC をプロセスとして捉える視点も重要である。とりわけ心理臨床家を訪れるクライアントは深刻な心の悩みをかかえ，冷静な判断が出来にくくなっていることもしばしばである。初回面接では，「ラポール（心理的交流）を確立し，治療状況に安心感をもたらすこと」が重要なので，情報の種類や量，情報を提示するやり方やタイミングについては，クライアントの状況を見て判断すべきだとコウリー

らは薦めている（Corey et al. 2003, 村本他訳 2004, 215）。ICは契約段階や，関わりの初期段階だけに必要なものではなく，ICの内容を臨床実践を通じてクライアントと確認し合い，共有する姿勢が大事である。

　研究への参加または協力については，別途にICが必要である。3(3)で述べたように，クライアントに無断で実験的な療法を試みたり，無断で心理臨床の具体的な経過を研究発表することは許されない。研究協力者が研究の意義を理解し，それに自発的に協力するという意思と同意があって，初めて研究への協力が成り立つ。クライアントを研究対象としていることを意図的に隠すこと（情報非開示）は，クライアントを欺く行為である。それはクライアントの自律的意思を無視し，人格を道具化することである（詳しくはケース11参照）。

　子どもなど判断能力が十分でない人に心理臨床を実践する場合には，保護者または後見人への説明と彼女／彼らからの同意が必要である。日本臨床心理士会倫理綱領4条の2は「判断能力等から対象者自身が十分な自己決定を行うことができないと判断される場合には，対象者の保護者又は後見人等との間で十分な説明を行い，同意が得られるようにする」と定めている。もっとも，同規定は続けて，「その場合でも，対象者本人に対してできるだけ十分な説明を行う」よう求めている。心理臨床家はクライアントにとっての最善の状態をめざして行動することが基本であるので，子どもが対象である場合にも，子どもの自律を最大限尊重しつつ，心理臨床に積極的に参加してもらえるよう，必要な情報を適切に説明する倫理的責任がある。心理臨床では，子どもと親との関係でさまざまな倫理的問題が生じうる。ケース1，3，5，7，11で，こうした問題を取り上げた。法的な位置づけについては，法学レクチャー：未成年者と親との関係, 60頁，未成年者に対する監督義務, 142頁，カルテの開示・説明と法的責任, 61頁等で取り上げている。

　なお心理臨床も契約関係であるから，ICは契約の確認という意味がある。心理臨床家にはクライアントのために最善を尽くす責任が生じる。それは倫理的な責任であると同時に，法的責任でもある（クライアントとの間での「準委任契約」については法学レクチャー3：カルテの開示・説明と法的責任, 61頁参照）。

(2) **無危害原則**（The Principle of Nonmaleficence）

この原則は〈何はともあれ、危害を加えるべからず〉ということである。3(2)で取り上げたヒポクラテスの誓いのなかにも、「病人に害を加えたり、不正を行うために治療を施すことをしません」という文言が見出される。

　人間はときに他者に攻撃を加えることがあり、攻撃を受けた人間は心身ともに「傷つきやすい（vulnerable）」。それゆえ人間社会は暴力による殺害や傷害を厳しく禁止してきた（他方で戦争という大量殺人行為を今も続けてはいるが）。無危害原則は人間の「傷つきやすさ（vulnerablity）」を前提にしている、とビーチャムらは言う。

　無危害原則と次に述べる善行（恩恵）原則との区別が問題となる。両者は区別できるが、連続している面もある。
  1）「危害を加えてはならない」という否定形で表現される義務
  2）危害をあらかじめ予見できたなら、それを予防しなければならない。
  3）危害を除去しなければならない。
  4）より積極的に、その人にとって「よい状況」を作り出し、幸福を促進しなければならない（Beauchamp & Childress 1989, 永安・立木訳 1997,145）。

　これら四者の間は、ときに連続的に移行する場合がある。また、危害は加えないが、恩恵を積極的に与えることもしないという選択もありうる。それゆえ、具体的なケースの倫理的問題点を整理し、可能な選択肢を検討する際、無危害原則と次の(3)善行（恩恵）原則とを区別しておいた方がわかりやすい。3(3)で紹介したベルモントレポートでは、善行（恩恵）の原則のなかに、「害をなしてはならない」が含まれていた。ビーチャムらはこれを無危害原則として独立させた。

(3) 善行（恩恵）原則（The Principle of Beneficence）

　これは、他人の益や幸福に貢献することを行うという原則である。患者やクライアントの健康を回復し幸福を促進することは、対人援助職の積極的な義務であり、使命である。ヒポクラテスの誓いも、「私の能力と判断力の限りを尽くして、病者の利益のために、養生治療を施します」と謳っている。

　しかしながら、そもそも善行は履行しなければならない義務なのであろうか？ 善行は行えば称賛されるが、しかし必ず行わなければならないというものではない、という考えもある。善行は義務であるという立場と、

善行は高潔な道徳的理想ではあるけれども道徳的な義務ではない，という立場がある。ビーチャムらは，とりわけ対人援助職にとってはもちろんであるが，一般的にも，他者に善きことをなすという積極的な義務が存在するという立場を鮮明にしている（Beauchamp & Childress 1989, 永安・立木訳 1997, 296）。

　では，仮に義務であったとして，自分を犠牲にしてでも他者に恩恵を行わなければならないであろうか？　例えば，海で溺れかけている人を見つけたときに，泳ぎの苦手な人に対しても，危険を冒してまで救助のために何百メートルも泳ぐことを要請するほど強い拘束力はないだろう。けれども，救助隊を呼びに行く努力さえしなかったとしたら，その人は道徳的に咎められるだろう（Beauchamp & Childress 1989, 永安・立木訳 1997, 239）。

　このような救助の義務では，契約のような特別の関係をのぞいて，以下の五つの条件が満たされる場合に，善行の義務が生じると著者たちは整理している。

　1）Y〔例えば，溺れかけている人〕は，重大な損失あるいは損害〔溺死〕を受けるリスクがある。
　2）この損失を防止するためには，X〔溺れかけている人を発見した人〕の行為（一人もしくは他者と協力した行為）が必要である。
　3）X〔救助者〕の行為は，損失を防止する確率が高い。
　4）Xの行為は，Xに重大なリスク，負担，あるいは，負荷〔自分も溺れる〕をもたらさない。
　5）Yが受け取ると期待される利益〔命拾い〕は，Xが被るであろう危害，負担，あるいは負荷〔服が濡れる，怪我，体力の消耗，約束した時間に遅れる等々〕よりも大きい。

以上の条件を満たしているときにのみ，XはYに対して明確な善行義務をもっている（Beauchamp & Childress 1989, 永安・立木訳 1997, 239）。

　善行の原則がどこまでを義務として要請できるかには，難しい問題がある。一般人としての義務と，専門職としての義務を分けて考える必要もある。溺れている人の救助のケースでは，救助する人が一般人である場合と，監視人や児童の引率者である場合とで，倫理的な評価は大きく異なってくる。

　心理臨床家はクライアントに対して，けっして一般人として向き合っているわけではない。心理臨床という制度のなかでの役割，クライアントと

のカウンセリング契約のなかで，クライアントに対する善行義務を考えなければならない。こうした対人援助の文脈のなかでは，「専門職が果たすべき恩恵の役割を単なる博愛（philanthropy）と解釈するのは誤りだ」とビーチャムたちは言う（Beauchamp & Childress 1989, 永安・立木訳 1997, 242）。

(4) 正義原則（The Principle of Justice）

アリストテレス（Aristotle, B. C. 384-322）によれば，正義（justice）には，法にかなっているという広義と，平等・公正（fairness）という狭義がある（Aristotle 1894, 林訳 2002）。後者は「等しい人たちを等しく扱わなければならない」という意味で，「形式的正義の原則」と呼ばれる。次のように否定形で述べた方が，よりよく表現できる。「他者との相違があるにも拘らず，問題となっている取り扱いに関して，それらの人々の間に違いがあることが示されるまでは，いかなる人といえども等しくないように扱われるべきではない」，と（Beauchamp & Childress 1989, 永安・立木訳 1997, 310-311）。これは対人援助では重要なことである。患者やクライアントを公正・平等に扱う。クライアントを性別や人種などによって差別することは不当であり，正義に反すると考えられる。

正義の原則は個別の患者やクライアントへの対応について論じられる。それと同時に，医療資源（医療スタッフや施設や，医療機器，医薬品，研究開発費など）の配分をめぐっても論じられる。限られた財やサービスや地位をどう配分するか，それは「配分的正義」と呼ばれる問題である。また両当事者間に発生した損害をどう是正するかは，「矯正的正義」と呼ばれる問題である。これらはいずれもアリストテレスが『ニコマコス倫理学』のなかで明確にした概念である。とくに「配分的正義」は，誰がどういう医療や福祉のサービスを受け，それらサービスの対価を誰がどう負担するのかという医療福祉政策の問題でもある。これは今日のわが国において，医療構造改革や医療崩壊と呼ばれる状況のなかで，とくに大きな論争点となっている。

5．クライアントとの関係における四つの規則

ビーチャムらは，以上の四原則を掲げた上で，医療専門職と患者とのさ

まざまな関係（Professional-Patient Relationships）を分析するための四つの規則をこれらの原則から導いている。正直（veracity），プライバシー（privacy），秘密保持（confidentiality），誠実（fidelity）である。ビーチャムらは，四つの原則をそれぞれ守る態度を「基本的義務」，「一次的徳」と呼び，四つの規則をそれぞれ守る態度を「派生的義務」「二次的徳」とも呼んでいる（Beauchamp & Childress 1989, 永安・立木訳 1997, 457）。

(1) 正　直（varacity）

これは，ウソをついてはいけない，患者を欺いてはいけない，患者に病状を説明する際は，真実を語る，といった内容をもつ。医療職と患者や，心理臨床家とクライアントとの間では，とりわけ信頼関係が重要である。信頼関係があって初めて，実り豊かな相互作用や協力が成立する。ウソをついたり，適切な情報開示をしないことは，信頼関係を損ねることになる。しかし，情報開示をめぐる問題はディレンマに最も巻き込まれやすい困難な問題の一つでもある。詳しくはケース編のなかで検討して行く。

(2) プライバシー（privacy）

これは近年ますます重視されるようになったテーマである。わが国では，2003年公布の個人情報保護法によってプライバシーの扱いにいっそう厳しい規制が設けられた。

ビーチャムらはプライバシーを「ある人へのアクセスが限定されている状況または状態（a state or condition of limited access to a person）」と定義している（Beauchamp & Childress 1989, 永安・立木訳 1997, 232）。ここでは「プライバシー権とは，権限なしに個人にアクセスしてくることや，個人に関する報告を行ったりすることに対する防護壁」である。それを正当化するのは自律尊重原則である。したがってプライバシー権の侵害は，自律性の権利の侵害である（Beauchamp & Childress 1989, 永安・立木訳 1997, 385）。何がプライバシーかは，社会によっても異なるし，個人によっても異なる。情報について言えば，例えば自身の健康状態や心理状態についての情報を知り，その情報を誰にどのていど知らせるか，あるいは知らせないかは当人が決定する権利をもつ。これを「情報について自己決定する権利」と言う（ドイツ連邦議会審議会答申 2004, 85, 93, 95,

116)。

　ある人が自身の私的な領域への他者のアクセスを自主的に認めた場合は，プライバシー権の放棄というより，プライバシー権の行使と捉える方が適切だ，とビーチャムらは言う。例えば，クライアントが心理臨床家に対して，心の奥底にある考えや感情や空想までをさらけ出す場合，心理相談という制度を通じて，ある重要な目的のために，「情報について自己決定する権利」を行使している（Beauchamp & Childress 1989, 永安・立木訳 1997, 386）と理解できる。

(3) 秘密保持 (confidentiality)

　秘密保持の規則は，3(2)で取り上げたヒポクラテスの誓い（他人の生活についての秘密の遵守）にもあるように，非常に伝統的な規則である。多くの職能団体の倫理綱領に掲げられているだけではなく，法律によっても規定されている（刑法134条の秘密漏示罪など。詳しくは法学レクチャー1：刑事法上の秘密の保持，27頁参照）。confidentialityはラテン語のconfidentiaに由来するが，これには「秘密」という意味はなく，「堅い信用，強い信頼」という意味である。ここから，相手を堅く信頼して他人には言えないことを打ち明けるという意味で用いられるようになった。心理臨床において，クライアントは心理臨床家を強く信頼して，他人には言えない自己の体験や内面や苦悩を打ち明けることができる（金沢 2006, 134-136参照）。

　「情報について自己決定する権利」によって保護されている情報に他者が許可なくアクセスしてきたとき，それは秘密保持の侵害と捉えられることもあり，プライバシーの侵害と捉えられることもある。秘密保持の侵害とは，例えばクライアントが内密に情報を開示した相手（例えば心理臨床家）が，その情報の保護を怠った場合をいう。プライバシーの侵害とは，例えば病院の電子カルテに不正に侵入してデータを入手する場合などをいう。正確には，秘密を前提として情報を与えられた人物または機関のみが秘密保持を侵害したと非難される（Beauchamp & Childress 1983, 訳395）。秘密保持の規則はきわめて自明な規則と思われるが，この規則をめぐってはさまざまなモラルディレンマが発生する。

　他害・自傷　セッションのなかでクライアントが実名を挙げて，ある人物を殺害する意図を語った場合，心理臨床家はその秘密を守らなければ

ならないのであろうか？（コラム16：タラソフ判決の原則，123頁参照）あるいは，自殺についての計画を具体的に語った場合は，どうか？（コラム15：希死念慮をもつクライアント，116頁参照）クライアントがセッションのなかでHIV感染を告白したとき，それをまだ知らされていないパートナーや配偶者に，そのことを伝えなくてよいのか？（ケース4参照）等々。困難な倫理問題に直面する。

チームや他職種との連携のなかでの情報の共有　心理臨床実践は，心理臨床家とクライアントとの一対一の関係のなかだけで完結せずに，他の対人援助職との連携ケアに発展することもしばしばある。例えば，医療チームとしての連携や，スクールカウンセラーとクラス担任や保護者や警察との連携などである。このような状況のなかで，クライアントの秘密をどう扱うべきであろうか？　秘密保持の規則は非常に重要な規則ではあるが，けっして絶対的な規則ではない。時として，他の義務や原則や規則に譲歩しなければならないこともある（Beauchamp & Childress 1989，永安・立木訳 1997, 402-403）。

日本臨床心理士会倫理綱領は2条の1秘密保持で，「業務上知り得た対象者及び関係者の個人情報及び相談内容については，その内容が自他に危害を加える恐れがある場合又は法による定めがある場合を除き，守秘義務を第一とすること」（下線は引用者による）とし，守秘義務の例外を定めている。「自他に危害を加える恐れ」とは自殺や殺害の恐れなどのことであり，「法による定めがある場合」とは，刑事訴訟法上の証言義務や，児童虐待防止法の通告義務などである（法学レクチャー1：刑事法上の秘密の保持，27頁，同4：児童虐待防止法について，90頁参照）。

また同綱領4条インフォームド・コンセント4で，「自他に危害を与えるおそれがあると判断される場合には，守秘よりも緊急の対応が優先される場合のあることを対象者に伝え，了解が得られないまま緊急の対応を行った場合は，その後も継続して対象者に説明を行うよう努める」と定め，守秘義務の限界をカウンセリングの契約時点においてもクライアントにあらかじめ説明し了解を得ておくことを求めている。

秘密保持の限界をめぐる問題は心理臨床の倫理と法のなかでも最も困難な問題の一つであり，本書では，これをめぐるケースを多く取り上げている。

（松田　純）

■法学レクチャー 1■

刑事法上の秘密の保持

1 秘密漏示の罪と証言拒絶権

一定の職業にある者に対しては，秘密を保持することが法的に義務付けられ，それを破ると刑罰を科される場合がある。刑法134条は秘密漏示の罪を規定しており，医師，薬剤師，医薬品販売業者，助産師，弁護士，弁護人，公証人，宗教，祈禱・祭祀の職にある者が，正当な理由がないのに，その業務上取り扱ったことについて知り得た人の秘密を漏らしたときは，6か月以下の懲役または10万円以下の罰金に処せられる。また，個別の法律の中にも同様の規定を持つものが多くある。対象となるものとして例えば，精神保健福祉士（精神保健福祉士法40条・44条），社会福祉士・介護福祉士（社会福祉士及び介護福祉士法46条・50条），保育士（児童福祉法18条の22，61条の2），児童相談所で相談・調査・判定に従事する者（児童福祉法61条），臓器あっせん者（臓器移植法13条・23条1項3号），言語聴覚士（言語聴覚士法44条・50条），視能訓練士（視能訓練士法19条・23条），保健師・看護師・准看護師（保健師助産師看護師法42条の2・44条の3），国家公務員（国家公務員法100条1項・109条12号），地方公務員（地方公務員法34条1項・60条2号）などがある。法律上の処罰規定がない場合は，秘密を漏らしたということで刑罰を科されることはないというのが罪刑法定主義という刑事法の大原則からの帰結である。

他方，刑事訴訟法では，刑事裁判に証人として呼ばれた場合には，宣誓のうえ証言をする義務が課せられており，宣誓や証言を拒むと，行政罰や刑罰を科されることがある（刑事訴訟法160条・161条）。しかし，法律上，証言を拒絶することができる者が列挙されている。例えば，公務員であれば，証言には監督官庁の承諾が必要であり（刑訴法144条），医師，歯科医師，助産師，看護師，弁護士，弁理士，公証人，宗教の職に在る者またはこれらの職に在った者は証言を拒むことができる（刑訴法149条）。刑事裁判による犯罪についての真実解明の利益よりも，これらの者が秘密を保持できることによって得られるそれら職業に対する信頼の利益のほうが重要だと考えているのである。

このうち，秘密漏示の罪で処罰される対象となっていながら，証言拒絶権をもっている者は，裁判で証言するかどうかを選択することができる。証言を拒絶した場合にはもちろん秘密を漏示していないが，証言することを選んだ場合でも，形式的には秘密を漏示し

ていることになるものの，刑事訴訟法上の証言義務に基づく行為であるため，違法性がなくなり，罪には問われない。他方，秘密漏示の罪で処罰される対象であって，かつ，証言拒絶権のない者は，証言しなければならない。この場合も，秘密漏示の罪は成立しないと理解されている。

2　秘密漏示罪の一般的な違法阻却事由

このように，秘密漏示の罪で処罰される対象となっている者の場合でも，一定の場合には，外形的には秘密を漏示する行為をしても，違法と評価されない場合があって（「違法阻却事由がある」と言う）処罰されないことがある。

上述の裁判での証言という場面以外にも，例えば，法令上の告知義務等が課されている場合がある。例えば，児童虐待防止法6条は，1項で「児童虐待を受けたと思われる児童を発見した者は，速やかに，これを……通告しなければならない。」と規定したうえで，3項に，

「刑法の秘密漏示罪の規定その他の守秘義務に関する法律の規定は，第一項の規定による通告をする義務の遵守を妨げるものと解釈してはならない。」と規定している。また，配偶者からの暴力の防止及び被害者の保護に関する法律6条には

「配偶者からの暴力を受けている者を発見した者は，その旨を配偶者暴力相談支援センター又は警察官に通報するよう努めなければならない。

2　医師その他の医療関係者は，その業務を行うに当たり，配偶者からの暴力によって負傷し又は疾病にかかったと認められる者を発見したときは，その旨を配偶者暴力相談支援センター又は警察官に通報することができる。この場合において，その者の意思を尊重するよう努めるものとする。

3　刑法の秘密漏示罪の規定その他の守秘義務に関する法律の規定は，前二項の規定により通報することを妨げるものと解釈してはならない。（後略）」

と規定されている。このように，法が，秘密を保持することによって得られる利益よりも，形式的には秘密を漏示することになっても，それにより得られる利益のほうが大きいと判断している場合がある。

また，法律の条文がなくても，本人が情報開示を承諾した場合には違法性がなくなって秘密漏示の罪が成立しないことになるし，本人の承諾がない場合でも，第三者の利益を守るため他人の秘密を漏示した場合には，利益衡量による違法性判断の結果として，犯罪不成立となる場合もある。もっとも，利益衡量をするため，犯罪が成立するかしないかは，個々の事情に大きく左右される。

（正木　祐史）

(4) 誠実 (fidelity)

これは交わされた約束を守る義務をいい，その点で「正直」とは異なる。心理臨床はクライアントとの契約として成立する。心理臨床家はこの契約に誠実でなければならない。クライアントと約束したことを忠実に履行し，クライアントをけっして見捨てない。見捨てることは信頼への裏切りであり，善行義務の放棄となる（Beauchamp & Childress 1989, 永安・立木訳 1997, 409）。

誠実は，クライアントを研究協力者または研究対象者とする際にも，とくに配慮しなければならない規則である。医学研究や心理臨床研究は，その成果が未来の患者やクライアントに益をもたらすかもしれないが，目の前の患者やクライアントに直接利益をもたらすとは限らない。クライアントへの心理臨床的ケアを第一に考えるのではなく，クライアントを研究発表のための材料集めとして利用するとすれば，クライアントとの約束を履行したことにならず，誠実の規則に反する。そのことをクライアントが知った場合には，クライアントは深く傷つく恐れがある。

ここまで生物医学倫理学の四原則と四規則を，心理臨床の場面も想定しながら概観してきた。この定式化の発端となったベルモントレポートが慎ましやかな表現をしていたように（17頁），四原則は絶対的なものではない。現代社会のなかで当面みなが合意できる原則として暫定的に機能する「一応の義務（prima-facie duties）」なのである。

コウリーらは，「セラピストが自分の実践がクライアントの福祉（幸せ）を促進する方向にどの程度つながっているかを知るための出発点」として，六つの原則（自律，無危害，善行，正義，誠実，正直）を挙げている。これは，先の四原則に，四規則のうちの二つを原則に格上げして加えた形になっている（Corey et al., 2003, 村本他訳 2004, 21-24）。

また金沢吉展は米国での議論などを基に，心理臨床家の職業倫理を次の七原則にまとめているが，ここにも四原則や四規則が流れ込んでいる（金沢 2006, 70）。

1) 相手を傷つけない，傷つけるようなおそれのあることをしない〔無危害〕
2) 十分な教育・訓練によって身につけた専門的な行動の範囲内で，相手の健康と福祉に寄与する〔善行〕

3）相手を利己的に利用しない〔自律の尊重→道具化の禁止〕
4）一人一人を人間として尊重する〔人格・自律の尊重〕
5）秘密を守る〔秘密保持〕
6）インフォームド・コンセントを得，相手の自己決定権を尊重する〔自律の尊重〕
7）すべての人びとを公平に扱い，社会的な正義と公正・平等の精神を具現する〔正義〕

　この「職業倫理の七原則」は，米国の生命倫理学のなかで定式化されてきた原則や規則を米国の心理学界が受けとめたものをふまえ，さらに日本における心理臨床家の倫理規準として定礎しようとする試みである（各原則の詳しい説明は金沢 2006，71以下参照）。

6．倫理的葛藤（モラルディレンマ）と意思決定のプロセス

　四原則や四規則はいずれも守らなければならない。クライエントの**自律**的な思いを**尊重**する。クライエントの安全と健康を守り，well-being「よき生」を促進するよう援助する。ともに苦悩する家族をも思いやる（**無危害，善行**）。**正義**にかなうよう行動する。これらは今日の社会において，いずれも大切にすべき倫理的価値であるからだ。本来は，四原則のいずれにもかなうことが求められている。しかし，それらの原則に基づく義務どうしが対立し，その両立が難しく見えることが時に生じる。臨床実践や対人援助の現場でも，こうした葛藤がしばしば起こる。これは，異なる義務どうしの間の葛藤である。原則どうしが競合しているというよりも，それぞれの原則から導かれた具体的な義務どうしが競合し合っているのだ。

　例えば，がんの痛みに苦しむ患者が「これ以上余計な治療はせずに，早く死なせてほしい」と繰り返し医療者に訴えたとする（ケース 9 に類似ケースあり）。もしもこの言葉どおりが「患者自身の自律的な意思」だと受けとめれば，

A　患者は積極的な治療をもはや望んではいない。患者の意思を尊重して，希望をかなえてやるべきだ←自律尊重原則
B　医療者としては，死に至らしめるような投薬をするべきではなく，抗がん治療などを施し，患者の生命の危機を回避しなければならない←無危害原則・善行原則

Bを選択すれば，自律尊重原則に背反し，Aを選択すれば，医療者の使命（職業倫理である無危害・恩恵原則）に反する。こちらを立てれば，あちらが立たない。どちらを選ぶか？　これがモラルディレンマと呼ばれる事態である（モラルディレンマの意味についてはコラム1参照）。

コラム 1　　　　　　　　　　　　　　　　　　　　モラルディレンマとは

「ディレンマ」はギリシャ語の $δι+λῆμμα$（di-lemma）に由来し，「二つの前提」を意味する。二つの前提条件を認めてしまうと，進退きわまった結論に追い込まれる推論として，「板ばさみ」の意味を持つようになった。その推論を両刀論法また両角論法という。二つの条件命題（「もし～ならば，……」という命題）のそれぞれを角に見立てていることから，西洋古代の論理学以来，そう呼ばれている。

　　p⊃r（pならばr）
　　q⊃r（qならばr）
　　p∨q（pまたはq）
　　∴r（ゆえにr）

このrが苦境を示す内容だと，まさに「板ばさみ」の意味のディレンマになる。

上記以外にさらに三つの型があるが省略し，本文の事例をできるだけ単純化して，上記の型に当てはめてみると，次のようになる。

　p＝患者の意思を尊重して治療を中止する
　q＝患者の意思を無視して積極的治療を続行する
　r＝患者の「よき生」を確保できない

① 　p⊃r　（患者の意思を尊重して治療を中止すれば，患者の生命は守れず，その結果，患者の「よき生」を確保できない）
② 　q⊃r　（患者の意思を無視して積極的治療を続行すれば，患者は自律を尊重されなかったことに不満になり，「よき生」を確保できない）
③ 　p∨q　患者の意思を尊重して治療を中止するか，それとも患者の意思を無視して治療を続行するかのいずれかである。
④ 　∴r　ゆえに，いずれにしても患者の「よき生」を確保できない

論理上，両刀論法を逃れる道は二種類ある。一つは①または②，あるいは両方の条件命題を突き崩すやり方である。「pならばr」ではなく，「pならばrではない（あるいはrとは限らない）」，または「別の結果sが生じる」などと反駁する。選択肢そのものに立ち向かうことから，これを「角をつかまえる」と呼ぶ。もう一つは，p∨q（pまたはq）という前提の選択肢を

逃れることである。これを，「角のあいだを逃れる」と呼ぶ。
　本例では，抗がん治療と並行して，あるいはそれに替えて，疼痛緩和を適切に行い，さらにトータルなペインへの緩和（palliation）を積極的に行えば，患者は治療の中止ではなく，もっと「生き続けたい」と思うようになるかもしれない。そうなれば，患者の「よき生」のために行う医療措置が同時に患者の意思と合致し，自律を尊重することにもなる。これは「患者の意思を尊重して治療を中止するか，それとも患者の意思を無視して治療を続行するかのいずれか」という二者択一を逃れ，「患者の意思を尊重して治療を続行する」という第三の選択肢（t）を新たに見出したことになる。p∨q∨tという選択肢になることで，最初の両刀論法は不成立となる。こうした工夫の努力は論理上の反駁になるだけではなく，ディレンマの実際の解消にもつながる可能性がある。
　　　　　　　　　　　　　　　　　　　　　　　　（松田　純）

　では，モラルディレンマをどのように解決すればよいだろうか。このとき何よりも重要なのが冷静な倫理的思考である。まず，直面している問題がどういう原則や規則に関わる事柄なのか，その原則や規則が妥当する条件がそろっているかを見極めなければならない。いずれも妥当し，義務どうしが葛藤する場合には，どちらをより優先すべきか，そのバランスを倫理的に考量（ethical balance）しなければならない。
　心理臨床で直面するモラルディレンマは，医学分野よりも，もっと複雑かもしれない。さらに，日本の場合，臨床心理士が法的に位置づけられていないため，法律に照らして判断できない場合も多い。また心理臨床をめぐる判例も少ない。そもそもモラルディレンマに対しては明確な「正解」はないと考えた方がよい。ケースに即し，与えられている状況のなかで，「より善い」選択をし，その時点で「最善」と思われる決断をするしかない。そこへ至るプロセスが重要である。次にコウリーがまとめた「倫理的決定のステップ」（Corey et al. 2003，村本他訳 2004, 28-30）を参照しながら，そのプロセスを考えてみる。

１）何が問題なのか？
　まず生じている問題の性質を見極める。それは心理臨床的な適応の問題なのか，それとも倫理的な問題あるいは法的な問題等々，またはそれらのいくつかが組み合わさったものなのか。事柄を整理する必要がある。

2）どんな倫理的原則に基づく義務が葛藤しているのか？

　クライアントおよびその他の関係者の人権や責任や善き生などを考慮したとき，自律，無危害，善行，正義の四原則に照らして，どんな義務が対立葛藤しているのかを分析する。

3）職能団体の倫理綱領との関係はどうか？

　日本臨床心理士会倫理綱領（IV資料編参照）などでは，こういう場合についてどのように規定されているかを参照し，自分の行動がそれと一致しているかどうかを検討してみる。倫理綱領の解釈について疑問が生じた場合には，臨床心理士会などに問い合わせてみるのもよいだろう。

4）法規制との関係はどうか？

　取り扱っているケースに関連する法規をよく学ぶ必要がある。刑法，民法の関連条項をはじめ，児童虐待防止法や犯罪被害者等基本法など，ケースに関わる法律，規則，政令や省令，各種行政指針（訓令・通達など），各地方自治体の条例，裁判所の判例などをよく理解した上で，行動を選択しなければならない。

5）コンサルテーションとスーパーヴィジョンを受ける

　倫理的葛藤を生じる問題は解決が難しいことがしばしばである。ひとりで考えてもわからない時などには，必ず同僚や先輩や上司に相談し助言を求めたり，法律の専門家に尋ねたりする。こうした対話を通じて，問題がより鮮明になり，方向性を見出しやすくなることがある。また，ケース・スーパーヴィジョンを通じて心理臨床における倫理的検討を深めることも大切である。

6）解決のためにとるべき行動を考える

　事態を打開するさまざまなアイデアを出す。他の対人援助職に協力を仰ぐことも検討する。それらさまざまな選択肢についてクライアントともよく話し合う。

7）それぞれの決定によって予想される結果を検討する

　それらの行動を選択したときどんな結果が予想されるかを検討する。それらの結果について，クライアントと話し合う。ある行動がもたらす結果を，四原則と四規則に照らして倫理的に評価する。

8）最善と思われる行動を決断する

　以上の十分な検討を重ねた上で，その状況においてとりうる最善の方策を決断する。

こうしたプロセスを踏むことが必要である。けれどもそこには明確な「正答」がないこともしばしばであろう。その困難さを覚悟した上でケースに向き合う必要があるだろう。

なお最後に付け加えておけば，ディレンマとして対立しているのは，いずれも大切にすべき価値である。そうであるならば，両者が両立できる（コラム1の「角のあいだを逃れる」）方法をぎりぎりまで模索することを忘れるべきではないだろう。また，ともに満たすことができず，いずれかを犠牲にせざるをえない時でも，その犠牲を最小限にとどめ，打撃を極力少なくする努力が必要である。そのためには他の援助職との連携や協力も必要であろう。また，創意工夫，広い意味での政策的能力も求められる。

コラム 2　　　　　　　　　　　　　　　　　　　　　　　**原則主義への批判**

　四原則を掲げるビーチャムらのアプローチは「原則主義（principlism）」と呼ばれ，それに対する批判もある。四原則は抽象的すぎ，具体的な意思決定に使えない，原則に基づく義務どうしが対立矛盾したとき，決め手となるものは何か，何も明確なものがないではないか，といった批判などである。原則主義は，原則から具体的な義務を演繹する立場と見られている。

　これに対して，一般原則をケースに「応用する」のではなく，特定のケースにより密着し，それに固有の事実を取り上げ，問題点を探り，解決の糸口を見出そうとするアプローチもある。それは「臨床倫理学（Clinical Ethics）」と呼ばれる。原則からの演繹に対して，具体的ケースからの「ボトムアップ」とも表現される（Jonsen, Siegler & Winslade 1997）。原則主義的アプローチと臨床倫理学的アプローチ。この両者は対置されることが多いが，しかし必ずしも対立しているわけではない。ジョンセンらは「我々の方法は原則や理論の重要性を否定するものではない。事実これらなしにこの方法は成り立たない」と述べている（Jonsen, Siegler & Winslade 1997）。ただ，「頭の中で根拠としている理論を頼りに症例を見る習慣」をやめて，具体的なケースに「ふさわしい形をとって原則や理論が浮かび上がる」ことをめざしている。したがって，両アプローチを互いに補い合う形で活用するのが有効であろう。

　　　　　　　　　　　　　　　　　　　　　　　　　　　　（松田 純）

| コラム 3 | プロフェッションの法と倫理 |

　プロフェッション（profession）とは特定の職業群を指す総称である。プロフェッションと呼ばれる職業は以下のような特徴をもっている場合が多い。
(1) 新規参入のためにある程度の期間を必要とするかなり高いレベルの教育とトレーニングが求められる
(2) その職業にすでに就いている者が，教育とトレーニングの内容や水準を決める
(3) 新規参入者の審査やメンバーに対する退会処分を含む懲戒も行う
(4) 前記の役割を担う自律的・排他的な職業団体を組織している
(5) 職業の名称を独占する
(6) 提供するサービスの公共性が高い
(7) メンバーがしたがうべき行動規範（倫理コード）を提示している
　これらの諸点により，単なる職能スペシャリストとは区別される。典型的には医師や弁護士（法律家）があげられるが，近年，各種の専門職がそのプロフェッション性を追求する流れにある。たとえば，保健師助産師看護師法は2001年改正で名称独占が明記されるに至った。日本臨床心理士資格認定協会が臨床心理士の国家資格化をめざして活動してきているのもその例である。
　歴史的にみれば，近代以前の身分制に基づく社会においては，ギルドとして知られる職能団体が，王権との対抗・庇護関係の中で，一定の自律性を維持しながら，徒弟制度による後継者の育成を行い，職業的な独占を維持してきた。特権的身分制と結びついたギルドは近代社会の到来とともにその影響力を小さくしたが，類似した制度は各種職業に残っている。そこでは，公共性の高いサービスを提供するプロフェッションと呼ばれる職業の特権的職域独占や組織の自律性の維持が，国家権力によってそれが承認されることと深く結びついている。医師や法律家のように，自律的な組織をもちながらも，そのメンバーシップへの参入が「国家試験」により認められているのはこのような経緯も関係している。国家試験の内容等にプロフェッション自身が深く関わるのも特徴のひとつである。
　しかし，プロフェッションがこのような職域独占と自律性を維持しつづけるには，「国家」による承認だけでは足りない。そうした職業に就くための長期にわたる厳しいトレーニングを経た者への尊敬や，提供するサービスの高度専門性や有効性に由来する社会的な尊敬が背景になければ，国家による「承認」それ自体も正当化されないのである。国家による統制は「法」を通じて行われるが，このような社会的尊敬は，日常的なサービス提供の繰り返しの中からしか得ることはできない。プロフェッションに倫理性が求められる所以である。
　プロフェッションの提供するサービスは専門性が高いため，クライアント

が専門家に一方的に依存しなければならず，クライアントは専門家の提供するサービスの善し悪しを判断するのが難しい。それゆえにそのサービスに欠陥があったり優越的地位を利用してクライアントを食い物にした場合の社会的な影響力はたいへん大きい。そこでサービス提供者たる者には，一般的な水準を越えて，高い水準の倫理的な行動が求められる。そのような高い倫理基準にもとづく行動は，クライアントの利益を守るのみならず，また社会からの尊敬を集めることにもなり，特権的職域独占や自律性の社会的な承認，さらに国家による承認の正当化ともつながるのである。

　さて，「貧困者からは対価をとらない」専門家（たとえば「赤ひげ先生」）は，一種の理想像として尊敬を集めている。それは彼／彼女が特権的地位に由来する経済的優位性を有していると考えられているがゆえに，あくどく金儲けを追求するような「非倫理的」行動は非難の対象となっていることの裏返しと考えられる。もちろん，いわゆる「やぶ医者」であるならいくら無料であっても尊敬はされない。プロボノ（Pro bono）と称される無償サービスの提供をプロフェッションが自覚的に追求することが多いのは，そのサービスの高い公共性（誰もが必要とする）ゆえに，サービス提供が市場原理だけに依存することは望ましくないと考えられているからである。クライアントが費用負担できない場合には，行政（＝国家）が実施費用（会場費等）を負担するプロボノ活動や，経済的弱者に対する公的扶助の一環としての医療費補助や弁護士費用の援助（民事法律扶助や国選弁護制度）などがあり，サービスの公共性の高さに見合ったサービス提供が，国家も関与して運営されている。

　他方で，プロフェッションも霞を食って生きることはできないのであるから，サービスに対する正当な対価を得ることも追求しなければならない。職業生活が成り立たないのであればそこに参入しようとする者は減り，また長期の厳しいトレーニングに見合う高い収入が得られないのであれば，優秀な人材はそっぽを向いてしまう。これはそのプロフェッション自体の後継者養成に関わる問題である。プロフェッションの日常的活動の中には，それが職業として成り立つための活動と，広い意味での公共性を伴った活動，すなわち社会的に尊敬され誰もが必要とする専門的で質の高いサービスの提供者としての活動とがある。サービスの対価を得るための活動が行き過ぎて金儲けに走っても，社会的尊敬を失うし，高邁な理想のみを追求するあまり収入が得られなければ人材が離れていく。両者のバランスをどうとるか，その狭間にも「倫理」が問題となる領域が存在しているのである。　　　（藤本　亮）

7．このテクストの使い方——マニュアル対応ではなく，倫理的な理由を考える

　本書のケーススタディ編では，11の具体的なケースを想定している。それぞれのケースに即して，問題点を分析し，さまざまな対応の可能性について検討して頂きたい。本書のケースは起こりうるケースを想定してあるが，すべて架空の物語である。リアリティがある場合も，執筆者たちが限りなく現実に似せて創作したものにすぎない。

　ケースを検討する際，読者は本書の解説にマニュアルを求めてはいけない。本書で掲げられているケースにきわめて類似したケースに直面したとしても，それはまだ表面的な類似にすぎないかもしれない。実際のケースは多種多彩であり，定型的なパターンに当てはめて済むようなものではない。個別の事情をしっかり見極める努力が必要である。マニュアル本なら実際に生じうるケースを幾百幾千と取り上げても，これで十分とはいかない。心理臨床家自身が自分で考え，適切な対応を見つける能力を鍛えるしかない。

　ケースに対する「解」（答え）を性急に求めようとするのではなく，思考のプロセスを重視してほしい。倫理問題は「理由」を論じ合う訓練だと考えてほしい。なぜこの選択肢や行動は適切ではなく，別の行動がよいのか。その倫理的理由を論じ合うことが倫理トレーニングとなる。「倫理問題に悩む姿勢」そのものが心理臨床の実践に通じることを実感してほしい。

　授業等で使用する場合は，まずケースと「背景となる事実」を読み，「考えてみよう」の問いについてグループ討論を行い，その議論の結果を出し合い，論点を深め合い，その後に「解説」やコラム，法学レクチャーなどで学習するのがよいだろう。異なる価値観や倫理観を相互に提示し，理解しあったり反発しあったりすることが倫理的センスを磨く一助となろう。

（松田　純）

（謝辞）
　漢字の起源などについて埋田重夫教授（静岡大学人文学部・中国文学）よりご教示を頂いた。感謝申し上げます。

コラム 4　　　　　　　　　　　臨床心理専門職と生涯研修——日米の比較

　わが国では臨床心理専門職は，現在まで国家資格での規定はなされていない。しかし，平成2年（1990年）8月1日に文部省（現在の文部科学省）の許認可で発足した財団法人・日本臨床心理士資格認定協会（以下，認定協会と略記）は認定「臨床心理士」（Certified Clinical Psychologist）という法人資格を開始した。この認定臨床心理士の特徴は，①"汎用性格"であること，②資格の"更新制"に特徴がある。①に関しては，学校・教育相談領域，医療・保健領域，福祉領域の他，司法・法務領域，警察領域，産業領域等の諸領域に汎用的に通じる臨床心理査定，臨床心理面接，臨床心理的地域援助及びそれらの調査・研究の4つの活動について，指定大学院・修士修了後に実施される資格認定試験に合格することで認定される。そして資格試験取得のみならず，倫理問題も含む継続研修（＝卒後研修）が不可欠であり，②に繋がる。②に関しては，資格は一旦取得すると永久に更新しないのではなく，5年ごとに更新しなければならない。したがって，資格更新のために，認定臨床心理士は，認定協会の「臨床心理士教育・研修規定別項」に明記されているところにしたがって，絶えず"生涯研修"に努めなければならない。研修機会は，認定協会が認める6群（種）から3群（種）にまたがり，5年間に15ポイント以上の研修ポイントを重ねなければならない。認定協会が認定する研修機会は全国レベル，地方レベル，さらに小規模なレベルまで多様であり，一定の基準を満たした申請書を提出しなければならない。

　また倫理に関しても，認定臨床心理士は，認定協会の「臨床心理士倫理規定」があり，別項として「臨床心理士倫理綱領」を遵守しなければならない。綱領に違反した場合には，厳重注意，一定期間の登録停止，登録の抹消などがある。

　現在，この資格認定は，"大学院臨床心理学研究科・臨床心理学専攻"を基本モデルとして，大学院臨床心理士養成指定校（1種，2種）で養成され，2007年10月現在で156校を数えている。また2005年4月から専門職大学院が発足し，同じく認定臨床心理士を養成するようになり，2007年4月現在で4校が認可されている。これらの指定大学院や専門職大学院で養成される臨床心理士は「実践家モデル」を基本にしている。また認定大学院も指定期間が6年であり，それ以後継続する場合は継続申請を受けなければならない。

　他方，海の向こうのアメリカ合衆国（以下，アメリカと略記）では，すでに1948年から，アメリカ心理学会（American Psychological Association：以下 APA と略記）が，連邦政府から権限を委譲され，臨床心理専門職を養成する大学院の許認可をしている。ちなみに筆者が在外研究で籍を置いたUCLA（カリフォルニア大学ロサンゼルス校）・心理学大学院も1948年から許認可されている例であり，養成の基本モデルは，"科学者-実践家モデル"

であり，大学院博士課程修了でph. D（哲学博士）取得を基準としている。このタイプの大学院は，研究者養成を主眼にしており，在学中は勿論，学位取得後もポスト・ドクター（Pos-Doc.と略称）としてさらに研究や研修をする仕組みになっている。そのための研修機関についてもAPAの『アメリカン・サイコロジスト』専門誌に毎年公表している。

　またこれと異なる"実践家モデル"の専門職大学院であるCSPP（California School of Professional Pychology：カリフォルニア心理学専門学校）も1980後半からAPAで認可されるようになり，大学院博士課程修了時，Psy. D.（心理学博士）の学位名称で臨床心理専門職を養成している。またPh. D.と同様に在学中の研修やポスト・ドクターでの研修機関もAPA専門誌・アメリカン・サイコロジスト誌に公開している。APA（2007）では，臨床心理学の認可大学院は237校，カウンセリング心理学は72校，学校心理学は58校，混合心理学で11校となり，合計で378校を数えている。これらの大学院は，数年後に更新すべくAPAから許認可される仕組みになっている。このように，充実したシステムと運営がなされているのが特徴である。研修機関もAPAが認可する以外に数種があり，研修制度でも多重・多層の仕組みがあり，日本とは比較にならない歴史を積み重ねてきているのが実情である。またサイコロジストの法と倫理に関しても厳重な規定があり，大学院教育カリキュラムにも組み込まれている（田畑 2006；直井 2007）。

　このように日米間では，システムといい，研修といい，雲泥の差があるが，歴史の新しいわが国では，わが国の歴史があり，方式がある。地道に歴史を積み重ねるしかないであろう。　　　　　　　　　　　　　　　（田畑　治）

II

ケースの紹介と倫理的・法的問題のポイント

II　ケースの紹介と倫理的・法的問題のポイント

守秘とその限界

1．母親へのカルテ開示と説明責任

　母子並行面接を受けている母親が子どもの面接記録をみせてほしいと心理臨床家に要望。総論の四規則（24頁以下）で説明したように，**プライバシー保護**，**秘密保持**という規則，子どもとの守秘の約束を**誠実**に守り信頼関係を維持するという規則にまず配慮しなければならない。同時に，相談内容を母親にある程度知らせて子どもの援助に協力してもらうことで，クライアント（子ども）自身にもよい状態をもたらしうることがあるかどうか（**善行**原則）についても，熟慮しなければならない。面接記録を母に開示したことが結果的に子どもを傷つけることになれば，**無危害**原則に反することになり，**自律を尊重**しなかったことにもなる。こうした倫理的配慮と比較考量のなかで，よりよい方策を模索する必要がある。とくに5歳の子どもと，その保護者である母親という関係をどう捉えるかが論点となり，法律上の観点からも熟慮を要する。

2．スクールカウンセラーの守秘義務と学校との連携

　生徒の相談内容をクラス担任が知りたいとスクールカウンセラー（SCと略）に要望。ケース1と同様，**プライバシー保護**，**秘密保持**という規則，生徒との守秘の約束を**誠実**に守り信頼関係を維持するという規則に配慮しなければならない。それとともに，相談内容を担任に知らせ，ともに力を合わせてクライアントを援助し，クライアントによりよい状態をもたらすこと（**善行**原則）ができるか？　逆に，相談内容を担任に知らせることで結果的にクライアントが打撃を受けること（**無危害**原則）になりはしないか，といった点を熟慮しなければならない。ケース1の5歳の子どもの場合と違って，クライアントがすでに中学3年生であることから，自律を尊重する義務がいっそう重くなる。法律的には，SCの雇用形態，監督関係が問題となる。

3．性的虐待

　母子並行面接という設定のなかで，中学生の娘との面接において，援助交際や，母の「内縁の夫」による性的虐待という重大な事柄が明らかになる。娘をこうした危害から守り（**無危害**原則），より安全な生活をどう確

保するか（**善行**原則）が問われている。性に関わるセンシティヴな情報を扱う際の**秘密保持**という規則が一方にあるとともに，性的虐待が犯罪被害であり，これ以上の危険を回避するために守秘義務を乗り越えることができるかどうか？　さらには，犯罪被害者への支援という観点も必要となる。犯罪被害者への支援についてはケース6でも取り上げる。

4．企業内カウンセラーのディレンマ

　企業の健康管理室に勤務する非常勤の心理カウンセラーが，来談した社員からHIVに感染しているとの情報を得る。この社員の健康状態を尋ねてきた人事担当者にどう答えたらよいだろうか？　ここではセンシティヴ情報の取り扱いが焦点になる。エイズはかつては「死の病」として恐れられたが，効果的な新薬の開発によって，長くつき合っていく慢性疾患へと変わった（薬学レクチャー1：「死の病」から慢性疾患へ，104頁参照）。しかもHIVウイルスは非常に感染力が弱く，普通に生活しているだけでは，HIVウイルス保持者から他の人に感染するということはない。HIV感染者が不当に差別されることのないよう，**プライバシー**保護，**秘密保持**という規則を守ることが肝要である。クライアントを差別から守ることは，**無危害**原則にかない，かつ，不当な差別を許さない**正義**の原則にもかなっている。クライアントが抗HIV薬を服薬しながら充実した職業生活を続けて行けるよう励ますことは，**善行**原則にかなっている。それと同時に，カウンセラーは非常勤とはいえ，健康管理室のスタッフであり，職場における労働者の安全と健康を確保しなければならない事業者に対して報告義務もある。このはざまでの情報の取り扱いが問題となる。

犯罪への対応

5．性犯罪被害者への支援

　強姦被害を受けた女子高校生への支援のケース。警察に告訴する場合は，証拠保全などで緊急を要する。避妊措置も急がなければならない。しかし，強姦被害は心身ともに甚大なダメージをもたらすため，心理臨床的視点から解離やPTSDに配慮し，二次被害をもたらさないよう，被害者を守り抜かなければならない（**無危害**原則，**善行**原則）。卑劣な犯罪を摘発し再発を防止することは必要なことではあるが，被害者が犯罪摘発の道具とさ

れてはならない（道具化の禁止）。あくまで被害者の**自律を尊重**し，この過程が，被害者自身が人間としての尊厳を取り戻す過程となるよう配慮することが重要である。強姦被害直後の緊急を要する事柄と，被害者や家族の状態に十分配慮した対応をどう慎重に進めるか。被害届後の事態の展開や，新しい被害者支援制度などについても熟知する必要がある。

6．そう状態でクライアントが逮捕される

うつ状態で精神科を受診した男性が，精神科医の指示でカウンセリングを併用することになったが，抗うつ薬の効果が出すぎて，そう転。クライアントが商品購入のトラブルから暴行をはたらき，逮捕され，警察から問い合わせが来た。心理臨床家はこれにどう応じたらよいだろう？ **秘密保持**はカウンセリングにおいて極めて重要な倫理的規則ではあるが，絶対的な規則ではない。これを上回る倫理的要請があった場合には，それに譲歩しなければならない。クライアントの犯罪の計画，法令による情報提供義務，多様な援助職との連携などにおいて，秘密保持・守秘義務の限界がどこにあるのかは，ケースに即して見極めなければならない。

7．覚せい剤の使用が疑われる場合

クライアントである女子高生が，覚せい剤とおぼしきものを購入して飲んだことをSCに告白した。覚せい剤取締法は，特別な許可を受けた者以外に，覚せい剤の所持および使用を全般的に禁じ，違反した場合に罰則を設けている。もしそれが本当に覚せい剤であるならば，明らかに犯罪である。セッションのなかで，クライアントから犯罪と思われることを「秘密」として聞かされた場合，どうすべきか？ クライアントを犯罪者として告発すれば，済むことであろうか？ 未成年者のクライアントをどう援助していったらよいだろうか？ セッションで知った「秘密」を親や学校，警察などにどこまで伝えることができるだろうか？

多重関係

8．クライアントとの恋愛関係

多重関係が進むとクライアントと性的な関係にまでなり，カウンセリングに悪影響を及ぼすのみならず，性的な搾取にまで至り，クライアントを

人格的に深く傷つけることにもなる。クライアントの人格を尊重し（**自律尊重**原則），危害を与えない（**無危害**原則）ために，心理臨床家は日頃から境界の管理に気をつける必要がある。同時に，多重関係を拒絶することによってクライアントを傷つけることもある。多重関係の許容度に文化差があることにも配慮しなければならない。本ケースではさらに，心理臨床家がクライアントによって告訴され，警察から呼び出しを受けるという事態に発展したことから，日頃の心構えを含めたリスクマネジメントもテーマとなる。

価値観と自己決定

9．終末期の心理臨床

末期段階のがんに苦しむ患者が「尊厳死」を希望。病院に勤務する心理臨床家はこの患者とどう向き合えばよいだろう？　患者の**自律**的意思を**尊重**すべきか，あるいは患者の生命を最後まで守ることが医療者の義務か？　あるいは，そもそもこうした二者択一に問題はないか？　日本には「尊厳死」を認める法律はない。治療中止や安楽死が事件化するなか，「死にたい」という患者の叫びに心理臨床家はどう応えたらよいだろうか？

10．羊水検査を受けるかどうか

35歳の妊婦が高齢出産のため羊水検査を受けようか迷っている。夫は，羊水検査を受けて，もし胎児異常が判明すれば，中絶するのが当然だと考えている。医師，看護師とともに羊水検査についての説明の場に同席した心理臨床家は，妊婦をどう援助していったらよいだろうか？　遺伝相談には専門の認定遺伝カウンセラーがあたることになっているが，妊婦の不安が強い場合などに，心のケアのために心理臨床家も対応する場合が今後ふえてくる。出生前診断を受けるか否か，受診した検査の結果，胎児に「異常」がある可能性が高いとなった場合，中絶するか否か。心理臨床家は自分自身の生命観や価値観を問い直すことにもなる。心理臨床家は自身の価値観をクライアントに積極的に語ったり押し付けたりしてよいのだろうか？　それとも心理臨床的相談はあくまで価値中立的に行うべきであろうか？

研究倫理

11．事例発表・出版についての承諾

　心理臨床家は臨床実践をしながら，扱ったケースを素材に研究をまとめることも多い。その場合，クライアントに対する心理臨床的援助と，自らの研究活動との関係はどうなのであろうか？　クライアントが研究に協力する場合は，そのことについてのクライアントの同意が必要である。未成年者の場合には，親の代諾で足りるのか？　発表内容について，**プライバシー**の保護など，どんな配慮が必要であろうか。　　　　　（松田　純）

コラム 5	「対人援助の倫理と法」をとりまく文化 ——援助要請傾向の日米差が意味するものは

　本書は，心理臨床を中心とした専門的対人援助における倫理的・法的問題について，専門的見地から議論することを目的としている。しかし，ちょっと考えてみると，それらの問題のなかには，「専門的対人援助における」という枕詞を必ずしも必要としない部分もあるように思われる。というのは，援助そのもの，つまり身近な人に悩み事を相談したり，問題解決のための援助を求めたりすることは，誰もが行っている日常的な行動である。また，秘密にすべきことは秘密にする，自分の手に負えないような相談は安請け合いしない，といった倫理や規範についても，日常的援助で常識的に適用されている。そう考えると，「専門的対人援助とは」と大上段に構えるよりも，まずは「援助とは何ぞや」という素朴な疑問から見つめ直すことも必要かも知れない。

　その意味で，「援助認識の文化差」もまた，対人援助の倫理や法を考える上で，注目に値する論点のひとつであろう。この点に関して著者は，メンタルヘルスサービスに対する援助要請傾向について，日米の大学生を対象に調査を実施したことがある（橋本・今田・北山 2007）。具体的には，「メンタルヘルスサービス要請に対する態度尺度（Mackenzie, Knox, Gekoski, & Macaulay 2004）」を用いて，「心理的開放性」「援助要請傾向」「スティグマへの無関心」の 3 つの尺度得点を算出した。具体的な項目例（表参照）から，「援助要請傾向」が高いほど，心理的専門的援助要請に積極的であると考えられる。また，「心理的開放性」は，実質的には自助努力に対する拘りのなさ，「スティグマへの無関心」は他者評価に対する懸念のなさ，と見なせるであろう。

表　質問項目例

心理的開放性（いずれも逆転項目）
　　人は自力で自身の問題を解決すべきであり，専門家の援助を受けることは最後の手段であるべきだ。
　　多くの物事と同様に，心理的問題も自然に何とかなるものだ。

援助要請傾向
　　もし私が，自分は精神的に衰弱していると思ったなら，まずは専門家による見解を知りたいと思うだろう。
　　もし私が人生の現時点において深刻な心理的問題を経験しているとしたら，私は心理療法によって安らぎを得ることができるだろうと思う。

スティグマへの無関心（いずれも逆転項目）
　　社会や職場の人々に知られてしまうことを考えると，私は心理的問題について専門家の援助を求めることに居心地の悪さを感じるだろう。
　　精神的に病気であることは，恥ずかしさという負担感をもたらすものだ。

その結果（図参照），「心理的開放性」と「援助要請傾向」については，日本よりアメリカの方が高得点という文化差，男性より女性の方が高得点という性差が，ともに統計的に有意であった（ただし「スティグマへの無関心」については，いずれの有意差も示されなかった。）つまり，専門的援助を要請することについて，日本人はアメリカ人よりも消極的なのである。このように，「アメリカ人に比してアジア人は，専門的援助への要請傾向が低い」ことは，実はこれまでの研究でも，少なからず見いだされている（レビューは水野・石隈 1999）。

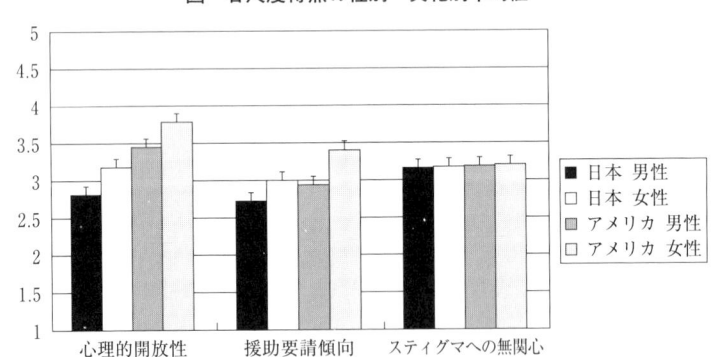

図　各尺度得点の性別・文化別平均値

この文化差は，どのような理由によるのだろうか。まずは，「アメリカに比べて，日本では専門的援助が普及していないからではないか」という可能性が考えられるかも知れない。しかし，それはどうやら，この文化差の主た

る理由ではなさそうだ。なぜなら，専門的援助のみならず，身近な人間関係における日常的援助についても，アジア人はアメリカ人に比べて，援助要請傾向が低いからである（Taylor, Sherman, Kim, Jarcho, Takagi, and Dunagan 2004; Kim, Sherman, Ko, and Taylor 2006）。つまり，アジア人の援助要請傾向の低さは，相手が専門家か否かを問わないのだ。ちなみに，なぜアジア人は援助を求めないのかについて，Taylor et al.（2004）や Kim et al.（2006）は，アジア人はアメリカ人に比べて，「関係性への懸念」（他者からネガティブな評価をされることへの怖れ）が強いから，と主張している。しかし，少なくとも建前的には，関係性への懸念は，専門的援助要請傾向の文化差を説明する要因としては説得力に欠けるであろう。加えて，彼らが想定している「関係性への懸念」は，実質的には「問題解決能力が欠如していると見なされることへの怖れ」というニュアンスであり，それ自体が，個人の有能性を重視するアメリカ的な価値観に基づいている感も否めない。何らかのトラブルや悩みに直面したとき，アメリカでは「自力で解決すること」が求められるが，日本では「耐え忍ぶこと」が求められることも多い。だとすると，日本人が感じている懸念とは，「忍耐力に欠けると見なされることへの怖れ」なのかも知れない。

　いずれにせよ，援助という行動そのものが，文化によって異なる意味合いを持ちうるのは確かなようである。その意味で，「対人援助の倫理と法」についても，欧米発祥の知見を無批判に導入するだけでなく，それらの文化的背景を把握・理解した上で，日本独自の文化的背景とも照らし合わせながら，その援用可能性について検討すべきであろう。　　　　　　　　（橋本　剛）

コラム 6　　　　　　　　　　　　　　　　　　多文化カウンセリング

　2005年に外国人登録者数が200万人を超えた日本は，多文化時代とよばれる社会になった。外国人の内訳は，アジア地域が全体の73％，南米が19％を占め，国別では韓国・朝鮮（主に永住者），中国，ブラジルの順で多い。留学生は13万人で，90％以上がアジア諸国の出身者である。また就学期にあたる子ども（5-19歳）は，約20万人（2003年）おり，中国，ブラジル，フィリピン，ペルーの順で多い（法務省統計）。

　この状況を反映して，地域の心理臨床やスクールカウンセリング，学生相談など，多くの場面で外国人クライアントを迎える機会が増大している。1981年には異文化間教育学会が，1993年には多文化間精神医学会が設立され，心理学の分野では，1998年に『多文化時代のカウンセリング』（現代のエスプリ）が特集された。心理サービス提供者が多文化問題にどのように対処す

べきかについて，さまざまな議論がなされているが，まだ一致した提案はない。

アメリカは，その社会的特性からこの分野に関する実践と研究が進んだ国である。多文化研究の先駆者であるスーらは，「多文化問題を扱えるカウンセラーの特徴」として，①自分の文化的価値観とバイアスに対する自覚，②クライアントの世界観についての理解，③文化に適した介入の方略と技法を身につけていること，を提案した（Corey et al., 2003，村本他訳 2004）。アメリカ心理学会（APA）は，2002年に「心理学者に対する多文化教育，トレーニング，研究，実践，組織的変革のガイドライン」を出し，心理サービス提供者に，ほぼ同様の提案を行った。その中で，多文化を，「優勢な欧米文化と，合衆国に居住する少数民族や人種の文化とをそれぞれ背景にしている個人間の相互交流」と定義している。その上で，従来の心理学が欧米中心主義に立っており，その偏見ゆえに，クライアントと公共利益においてニーズの複雑さが増大する状況に応えてこなかった，と反省している。

アメリカでは，アメリカ・カウンセリング学会なども多文化状況に関する倫理コードを発表している。心理学を学ぶ学生やカウンセラーの育成過程では，偏見と差別を克服・防止するための多文化教育・訓練が必須であるとし，偏見に関する諸尺度，気づきを高めるためのプログラム，民族的アイデンティティの発達などについて，多くの実践と研究がなされている。

日本の多文化カウンセリングは，留学生相談の分野で研究が最も進んでおり，そこではマクロ・カウンセリングという多文化カウンセリング理論が提案されている。その要点は，従来のカウンセリング理論が，西洋的・個人的であるのに対して，多文化を扱うカウンセリングでは，集団やコミュニティへの働きかけが重要だということである。心理臨床家は，多面的で包括的な援助の役割を担う（井上 1997，1998，2007）。留学生への援助のなかで最も効果的なのは，学習・研究，住居・経済面での道具的ソーシャルサポートであるという研究がある（水野 2001）。これは，マクロ・カウンセリング理論を支持するものであろう。

筆者が勤務する学生相談室に，ある日，中国人女子留学生が訪れて，「日本人は大嫌い」と言った。彼女は，中国の有名大学で日本文化に興味を抱いて日本語を猛勉強し，来日して1か月であったが，驚くほど流暢な日本語を話した。しかし，日本人による中国人に対する差別に遭い，彼女の期待と努力が大きかっただけに，日本人への憤りは大きかった。留学生相談に携わってまもなくの筆者は，返す言葉がなく，日本人であることが恥ずかしいと正直に言うと，彼女は，種々の考え方の日本人がいることを理解してくれたようだった。中国語に興味を持っている日本人を紹介し，スポーツ好きの彼女に大学のスポーツ・クラブへの入部を勧めたところ，日本の生活は楽しいと言うようになった。

日本に来て差別を感じた中国人留学生は，特にアルバイトを経験した私費留学生に多い（孫 2007）。アジア地域からの在留外国人が圧倒的に多い状況の中で，今後，心理臨床家自身の欧米尊重などの偏った文化的価値観，外国人クライアントの考え方と社会的状況についての知識と理解，問題への介入の方略と技術が，ますます厳しく問われることになると思われる。

（小島　孝子）

（参考文献）ACA 2005，APA 2002，井上 2007，井上 1998，Corey et al. 2003，孫長虹 2007，法務省 2006，水野 2001

III

ケーススタディ編

ケース 1

母親へのカルテ開示と説明責任

　チック症状のある5歳のA君はお母さんと一緒に心理相談室に通っている。A君はプレイルームで遊戯療法を受け、その時間にお母さんは面接室でカウンセリングを受けるという並行面接の形がもう1年近く続いている。しかしA君のチック症状はあまり改善していない。
　今日のカウンセリングが終わる頃、お母さんは母親面接担当者に、プレイルームで行われているA君の遊戯療法の内容と1年間の面接経過を知りたいので、A君の経過を書いた記録（カルテ）を見せて説明して欲しい、また今後A君の状態がどのように変わっていくと考えたらよいのか、相談室側の見通しを説明して欲しいと求めてきた。相談料金の母子並行割引はあるものの経済的負担も重いので、もしこれ以上あまり効果が見込めないのなら通所を中止したいという。
　カルテ開示の要求には応じるべきだろうか。またどこまで説明しなければならないだろうか。

キーワード　並行面接，カルテ開示，保護者，説明責任

背景となる事実

1. チック症状とは、反復して不随意な筋運動が起こる症状をいう。心理的要因によると考えられている。具体的には、頻繁なまばたき、顔の筋肉を動かす、発声、首振り、肩上げなどのような形で現れる。A君の場合は、遊んでいるときも勉強をしているときも、右眼をつぶると同時に右頬の筋肉を上方に上げる動きが頻繁に起こっている。
2. 言語表現が十分でない子どもに対する心理療法として、遊戯療法（プレイセラピー）がある。セラピストとクライアント（子供）が遊戯室（プレイルーム）内で遊びを通して関わっていき、互いの信頼関係を築き、その中で心理的変化を目指す。遊戯室には通常、各種のおもちゃやゲーム、砂場、水場などが用意されている。そこでは危険や大きな破壊につながる行

為以外は，子どもの気持ちを尊重した自由な遊びが展開される。A君の場合，最近はレールをつないで列車を走らせる遊びと，輪投げゲームなどセラピストと得点を競うゲームを好んでしている。

3．並行面接とは，遊戯療法（思春期以降の子どもについてはカウンセリング）を受けるために来室する子どもと共に来室する保護者（母親であることが最も多い）に対して，同時間帯に異なる担当者がカウンセリングや心理療法を行う形態をいう。親カウンセリングでは，子どもについての情報を得るとともに，子どもに対する具体的な対応を考え，家族のあり方を考えることなどがテーマとして話し合われることが多い。また親個人の内面を探るカウンセリングとなっていく場合もある。A君とお母さんはおよそこの1年間，毎週相談室に通い，並行面接を受けてきた。母親面接では，家庭でのA君の様子，学校での様子，これまでの母親の養育の仕方，家族との接し方などについて話し合われてきた。

4．面接や遊戯療法などの心理療法の内容について詳しく記録されたものは，通常カルテと呼ばれている。カウンセラーは通常，面接中はメモを取りながら聞いて，面接終了後に面接記録を整えることが多いので，来談者は普段はカルテそのものを直接眼にするようなことはない。A君のお母さんは，メモを取りながら面接をするカウンセラーを見て，またカウンセラーが遊戯室でのA君の様子をビデオで録画する許可を求めたことから，子供の心理療法についてもきっと記録（カルテ）が作られているだろうと，容易に想像できたと思われる。

考えてみよう

Q1：カウンセラーはA君のお母さんに，カルテを見せなければならないだろうか。お母さんにはA君の保護者として，カルテを見る権利があるのだろうか。

Q2：そもそも，A君を相談室に連れてきたのも，心理療法を行うことに同意したのも保護者である母親であった。子ども担当のセラピストまたは母親の面接担当のカウンセラーはこの心理療法の契約者である母親に対して，これまでの経過のすべてを話すことが必要だろうか。

Q3：心理療法は二人の関係のなかで進んでいくもので，期間と効果

など今後の見通しについてはあまり明確に言えるものではないが，このケースのように今後の見通しを聞かれた場合，どのように話せばよいだろうか。

解　説

1．母子並行面接を受けている母親に，子供との遊戯療法の中身をどこまで開示するか

　未成年者の心理療法については，その保護者との契約，同意が必要であり，最初に受理面接に訪れた際には，申込書に保護者の署名が求められることが通例である。したがって，心理療法の契約は保護者との間で結ばれていると考えることもできる。このことを考えると，保護者からの経過説明の要求があった場合はこれに応じることが必要であり，終結の相談も本人との合意のほかに，保護者との合意もきちんとなされる必要があるだろう。

　しかし，どんなときでも，保護者であれば説明を受ける権利があるというわけではない。保護者に知らせることで心理療法上の不利益が生じると予想される場合，またはたとえ親子であっても，知らせるべきでないと思われる内容などについては，慎重にすべきである。

　一般に高校生ぐらいの年齢になったクライアントの面接内容を保護者に知らせることは，問題が多いと思われる。未成年者であっても，保護者とは独立の人格をもったクライアントとして尊重し，保護者の要求に不用意に応じて，本人の了解なく面接や遊戯療法の内容を開示することは，セラピストに対するクライアントの信頼感を損ない，心理療法そのものへの信頼を失わせ，以後の心理療法がうまく進まないことにもなりうる。保護者にどこまで開示するかは，相談内容，子どもの年齢，面接方針，親子の関係性，セラピストの立場等により異なるので一概には言えないが，個々のケースに即して，考えていくことが必要だろう。

　A君の場合，プレイルームのなかの遊戯療法の場は，セラピストと二人だけの世界である。母親といえどもそのすべてを知る権利はないし，また面接上母親がすべてを知ることは必ずしも好ましくない場合もある。しか

し，契約を結んだ主体としての保護者である母親が，心理療法の経過や今後の見通しを聞かせてほしいと思うのは当然と言えば当然であり，適切に対応しなければならない。

2．説明義務について

　本ケースでは保護者から，経過の説明，今後の見通しの説明を求められている。またこれまで大きな変化がなかったことから，効果がないならやめたいという保護者の気持も伝えられている。このことについては，どのように考えたらよいだろうか。

　医師の場合は，医療法1条の4第2項により，治療方針について説明し，患者の理解を得るよう努めることが義務付けられているが，心理療法については法律によって定められているわけではない。しかし心理面接については，基本的には医師の場合に準じて考えるのがよいだろう。日本臨床心理士会倫理綱領4条の1も，十分な説明と同意について規定している。

　また同綱領は4条の2で「判断能力等から対象者自身が十分な自己決定を行うことができないと判断される場合には，対象者の保護者又は後見人等との間で十分な説明を行い，同意が得られるようにする。ただし，その場合でも，対象者本人に対してできるだけ十分な説明を行う」と定めている。クライアントが未成年者の場合は，本人および保護者に対する十分な説明を義務づけている（クライアントと保護者とに対するカウンセラーの法的責任関係については法学レクチャー2：未成年者と親との関係, 60頁, 同10：未成年者に対する監督義務, 142頁参照）。

　しかし心理療法においては，セラピストとクライアントとの間の関係性やさまざまな状況によって，治療の展開や経過は大きく異なってくる可能性もある。

　また，面接の目的，方法等については説明ができても，今後の見通し（期間，経済的負担，期待される効果等）については，どのくらいの期間をかけたら必ずどうなるというような見通しは明確に示せないのが実情である。母親には母親担当者から，心理療法の特殊性も含めて，差し障りのない表現・範囲でこれまでの経過と今後の見通しを説明することになるだろう。

3．面接契約について

　心理療法を始めることになったとき，第1回目のセッションを始める前に，これから何を目的として，どのくらいの期間，どんなことをしていくのかという面接方針と，その際の約束事，（時間，料金負担など）について説明し，互いに確認をし合っておくことが大切である（面接構造の確認，面接契約）。その際に確認すべき基本的事項には，面接の目標，頻度，時間，場所，守秘義務とその限界などがある。

　母子並行面接の場合も同様である。子どもの遊戯療法について，また母親面接についても，どのようにこの場に臨めばよいのかということについて十分に納得した上で始めることが必要だ。また時間が経過すると状況も変わり，面接目的も不明確になる場合もあるので，そのような場合には再確認が必要である。

　A君のお母さんについても，そろそろ再確認が必要な時期になっていたのであるが，母親担当者から対応する前に，母親から催促される結果になったとも考えられる。

4．経済的負担を減らす方策について

　母子二人の相談・面接が行われる場合，双方に相談料が発生する。このような場合の経済的負担を減らす方策として，たいていの相談機関では母子並行割引などが設定されているが，それでも毎回の料金は負担が重いだろう。

　母親面接に関しては，緊急性が軽減されるに従って間隔をあける（例えば子どもが毎週の場合でも母親は2週または4週に1度など），あるいは母親面接は休止する，などの方法もあり，適宜導入していくとよいだろう。

　　　　　　　　　　　　　　　　　　　　　（早矢仕　彩子）

■法学レクチャー 2■

未成年者と親との関係

　未成年者（20歳未満の者／民法4条）の行動には，民法上も，さまざまな制約が課せられている。例えば，未成年者が契約を締結するには，原則として，法定代理人である親権者（親権者がいない場合には未成年後見人〔通常は親族がなる場合が多い〕）の同意が必要となり（民法5条1項），もしそのような同意がなかった場合には，親権者（または未成年後見人）は契約を取り消す（＝最初から契約が無効であったものとみなす〔民法121条〕）ことが可能である（民法5条2項）。また，未成年者が婚姻（結婚）する場合には，父母の同意（一方が同意しない場合には他方の同意でよく，親権者ではない父母の同意でもよいことに注意）が必要である（民法737条）。

〈「親」と「親権者」〉　民法上の「親権者」は，一般的にいわれる「親」とは若干意味が異なっている。民法では，未成年者は「父母」（両親）の親権に服するものとされ（民法818条1項），父母の婚姻中は共同で親権を行使することが原則とされている（民法818条3項／親権共同行使の原則）。しかし，父母が離婚した場合には，父母のうちどちらか一方が単独で親権者となる（民法819条）。通常は，親権者となった者が子の養育を行うことになろう。もっとも，離婚に際して，養育は母親が行うが，子の将来を考えて親権は父親がもつという合意（父母の協議によらない場合には，〔家庭〕裁判所の審判・裁判による決定）がなされることもある。このような場合には，父親が「親権者」であり，母親は「監護者」となる（民法766条・771条）。

　親権者は，子の監護および養育を行う権利・義務を負う（民法820条）。具体的には，①居所指定権（821条），②懲戒権（822条），③職業許可権（823条），④財産管理権（824条）などをもつことになる（④については，権利を有するとともに義務を負うことに注意）。

　ちなみに，親権者ではない監護者には，身上監護権（①・②を含む）はあるが，財産管理権（③・④を含む）はない。

（宮下　修一）

■法学レクチャー 3■

カルテの開示・説明と法的責任

1 心理療法におけるカルテの作成と法的な意義

心理面接や遊戯療法の記録は、「カルテ」と呼ばれることが多い。これは、精神科医が診療記録等を「カルテ」と呼ぶのにならったものである。

精神科医については、医師法24条1項で診療録（いわゆる「カルテ」）の作成が義務づけられ（「医師は、診療をしたときは、遅滞なく診療に関する事項を診療録に記載しなければならない」）、さらに、同条2項でそれを5年間保存することが義務づけられている。このカルテには、①診療を受けた者の住所、氏名、性別及び年齢、②病名及び主要症状、③治療方法（処方及び処置）、④診療の年月日を記載する必要がある（医師法施行規則23条）。さらに、医療法（医師を対象とした医師法とは異なり、医療を受ける者の利益保護と、良質・適切な医療の効率的な提供体制の確保を図るための法律）21条1項9号では、病院は、「診療に関する諸記録」を備えておかなければならないとされている（なお、地域医療支援病院については同法22条2号、特定機能病院については22条の2第3号に同様の規定があるが、ここでは割愛する）。ここでいう諸記録とは、①過去2年間の病院日誌、②各科診療日誌、③処方せん、④手術記録、⑤看護記録、⑥検査所見記録、⑦エックス線写真、⑧入院患者および外来患者の数を明らかにする帳簿ならびに入院診療計画書をいう（医療法施行規則20条10号）。

これに対して、臨床心理士は、そもそもその資格自体が法律に基づいて授与されるものではないこともあり、医師の「カルテ」にあたるものについても、法律上、作成が義務づけられているわけではない。また、心理療法を実施している機関についても、病院と同様の記録を作成することは、同様に法律上の義務ではない。

しかし、日本臨床心理士会倫理綱領4条の5では、「対象者から、面接の経過及び心理査定結果等の情報開示を求められた場合には、原則としてそれに応じる」とされている以上、臨床心理士も、そうした請求に応じるために、やはり医師の「カルテ」に準じる形で、記録を作成し、一定期間は保管しておく必要があろう。また、心理療法を実施している機関も、病院に準じる形で、最低限、業務日誌や面接記録（これは、上記の「カルテ」で代替できると考えられる）、来所者数の数を明らかにする帳簿等を、一定期間備えておくことが必要である。実際に、日本臨床心理士会倫理綱領4条の6は、「面接等の

業務内容については，その内容を客観的かつ正確に記録しておかなければならない。この記録等については，原則として，対象者との面接等の最終日から5年間保存しておく」と定めている。

2 心理療法におけるカルテの開示・説明と法的責任

(1) 医療におけるカルテの開示・説明に関する取扱い

それでは，臨床心理士や心理療法実施機関は，クライアントから要求があった場合に，1で述べたカルテや記録の開示・説明をしなければならないのであろうか。ここでも，まずは医療における取扱いから考えてみることにしよう（なお，医療における情報開示・説明をめぐる問題については，植木2007，河原 1998等を参照）。

医療の世界では，インフォームド・コンセントという観点から，治療にあたっては，医師の患者に対する十分な説明が必要であるというのは，いまや当然のこととなってきている。実際に，本文の解説2でも触れられている医療法1条の4第2項は，「医師，歯科医師，薬剤師，看護師その他の医療の担い手は，医療を提供するに当たり，適切な説明を行い，医療を受ける者の理解を得るよう努めなければならない」と定めている。もっとも，同条は努力義務を課すものであって，そのような義務に違反したからといって，ただちに医師等に法的責任が生ずるわけではない。

しかし，そうであるからといって，説明を怠った医師に法的責任が生じないわけではない。医師に法的責任を課す根拠としては，医師と患者との間の診療契約が準委任契約であるということを前提として，受任者（＝医師）は，委任者（＝患者）の請求があるときは，いつでも委任事務（＝診療）の処理の状況を報告し，委任（＝診療）が終了した後は，遅滞なくその経過及び結果を報告しなければならないとする民法645条をあげる見解もある（後掲・東京高等裁判所昭和61年8月28日判決を参照）。もっとも，近時の最高裁判決では，がん患者とその家族に対する告知を怠った病院側に対する損害賠償（慰謝料）請求がなされた事案であるが，特に民法645条等には触れることなく，「医師は，診療契約上の義務として，患者に対し診断結果，治療方針等の説明義務を負担する」として，それに違反した場合には損害賠償責任が発生するとされている（最高裁判所平成14年9月24日判決・判例時報1803号28頁，判例タイムズ1106号87頁）。

それでは，医師は，上述したような説明に際して，カルテ自体の開示までしなければならないのであろうか。

カルテ（診療録）については，従来は，単なる備忘録にすぎないという考え方が主流を占めてきたが，近時は，患者と医師の双方にかかわる医療情報を総合したものであるという考え方が有力になってきている。その意味では，

カルテは，いわば患者の個人情報を含むものであって，その内容を本人以外の第三者にみだりに開示することは，やむを得ない場合を除いては許されない（法学レクチャー7：秘密の保持についての民事責任，124頁参照）。

それでは，患者本人あるいはその家族から，開示請求があった場合は，どのように対応すべきであろうか。

カルテを単なる医師の備忘録と考えるのであれば，たとえ患者本人であろうと，全面的な開示を要求することはできなくなる。例えば，このように備忘録であると明言しているわけではないが，慢性肝障害の治療のためインターフェロンを投与された患者が医師にカルテの開示を求めた事案で，「医師法が医師に診療録の作成を義務付けているのは，本人に対し医師が正確な説明ができるようにとの趣旨をも含み，結局患者ができ得る限り適切な診療・治療を受けられるよう配慮しているためであると解するとしても，そのことから直ちに本人がこれを閲覧することをも権利として保証していると解することは困難である」とした裁判例がある（東京高等裁判所昭和61年8月28日判決・判例時報1208号85頁）。この判決は，まず，「基本的には民法645条の法意により，医師は，少なくとも本人の請求があるときは，その時期に説明・報告をすることが相当でない特段の事情のない限り，本人に対し，診断の結果，治療の方法，その結果等について説明・報告をしなければならない」として，医師の患者に対する一般的な説明・報告義務は肯定する。しかし，そのような場合であっても，「診療録の記載内容のすべてを告知する義務があるとまでは解し難く，その方法も，当然に，診療録を示して行わなければならないものではな」く，「それぞれの事案に応じて適切と思料される方法で説明・報告をすればよいと考えられる（口頭による説明・報告で足りることも多いであろう。）」と判示している。

しかし，カルテを，医療情報を総合したものと考える立場からは，そこには本人自らの個人情報も含まれている以上，本人からの請求があれば，カルテそのものも開示の対象となりうる。もっとも，カルテをあえて開示しなくとも，医師からの誠実な説明があれば事足りる場合も多いであろうし，仮に，カルテを開示すべき場面であっても，医師側の情報を含めて全面的に開示すべきかどうかは，当事者の具体的な事情に応じて，慎重に判断する必要があろう。

それでは，家族からの請求があった場合はどうであろうか。たしかに，家族といえども本人ではない以上，守秘義務との関連が問題となる。しかし，クライアント本人の生命・身体の危険に関わる事柄など，むしろ周囲に伝える必要性がきわめて高いと判断される情報については，具体的な事情にもよるが，むしろ積極的に伝えなければならない場合も存在する（法学レクチャ

―7：秘密の保持についての民事責任、124頁参照）。

この点をめぐっては、市立病院で亡くなった母親（被相続人）のカルテについて、相続人である子が、市の情報公開条例により開示を求めたところ（本条例では「本人」からの請求に基づく開示が認められている）、市長が、カルテは「本人」以外への開示が認められない個人識別情報にあたるとして不開示の決定をしたため、子がその決定の取消しを求めた行政訴訟において、その請求が認められた裁判例がある（名古屋高等裁判所金沢支部平成16年4月19日判決・判例タイムズ1167号126頁）。この判決では、まず、カルテ自体は、不開示の対象となる個人識別情報であり、かつ、カルテの開示を請求する権利（開示請求権）自体は相続の対象とならないとして（この点については、公文書等の開示請求権は一身専属的権利であって相続の対象とはならないとした最高裁判所平成16年2月24日判決・判決時報1854号41頁、判例タイムズ1148号176頁を参照している）、たとえ相続人である子であっても、「本人」の立場を相続したうえで開示を請求することはできないという。しかしながら、個人識別情報が亡くなった「本人」のみならず、「同時にその死亡した者の相続人にとっての個人識別情報に該当する場合には（例えば、ある者の財産に関する情報がその者の個人識別情報である場合において、その者の死亡により、上記財産に関する情報は、死亡した者の個人識別情報であるとともに、死亡した者を相続して当該財産を取得した相続人の個人識別情報でもあることがある。）、その相続人も……『本人』に該当し」、情報の開示を求めることができると判示している。

(2) 心理療法におけるカルテの開示・説明に関する取扱い

(1)で述べたような医療の世界での取扱いは、心理療法の世界にも共通するところがあるように思われる。

まず、心理療法の現場で作成される「カルテ」については、単なる備忘録ではなく、「心理療法に関する総合的な情報が記録されたもの」と考えるべきである。そうである以上、みだりに第三者に開示することは当然許されない。

しかし、クライアント本人からカルテの開示請求があった場合には、クライアント自身の個人情報を含むものと考えられる以上、一定程度の開示には応じなければならない場合もあろう。ここでは、クライアントから情報開示を求められた場合には原則としてそれに応じる旨を定めた臨床心理士会倫理綱領4条の5の存在（1の記述を参照）も考慮する必要がある。ただ、その場合でも、最初からカルテ自体の開示ありきというのではなく、まずは、カルテの内容に基づいて、誠実に説明を行うべきである。そのうえで、なお納得が得られないという場合には、少

なくともカルテのうち，クライアント自身の個人情報に関わる部分については，開示に応じなければならない場面も出てくる可能性がある。

次に，クライアント本人ではなく，その家族からの開示請求があった場合は，どうであろうか。(1)でも述べたように守秘義務との関係は問題となるが，クライアント本人に関わるような情報についても，具体的な事情に応じて，少なくとも未成年者の場合には，親権者や監護者等の実際にその養育にあたっている者に説明を行い，場合によってはカルテの開示を行う必要がある（成年者の場合には，本人の意向を最大限尊重するという観点から，成年後見制度の適用の有無や個別の家族関係等を考慮し，より慎重に対応する必要があると思われる）。また，(1)で紹介した名古屋高等裁判所金沢支部平成16年4月19日判決の趣旨を考慮すれば，心理療法を受けている本人に関わる情報が，家族に関わる情報と同視される場合には，本人と同様の形で開示に応じる場面も出てくることになろう。

(3) 本ケースにおけるカルテの取扱い

本ケースでは，母親と子が「並行面接」を受けている。母親が「並行面接」を受けているのは，そもそも子の心理療法のためであって，両者にはきわめて密接な関連があることを考慮すれば，母親の面接情報はもとより，子の面接に関する情報も，母親「本人」の情報であると考えることも可能である。その意味では，子の面接内容について，母親に十分な説明を行い，場合によっては，カルテの内容の開示にも応じる必要があろう。

ただし，本ケースでは，開示を求められている情報の内容は，本来のクライアントである子の生命・身体の危険にかかわるような切迫したものではなく（もっともそのような切迫した情報については，危険な状態が親権者等により生じさせられている場合などを除いては，親権者等に，請求されるまでもなく，むしろ積極的に伝える必要が出てくることもあろう），これまでの遊戯療法の内容と面接経過である。また，本文の解説1にもあるように，子の面接の観点からは，母親にすべての情報を伝えることが適切ではない場合もありうる。そうであるならば，本来は，実際に面接にあたる心理臨床家が，面接に影響を及ぼさない範囲で十分な説明を尽くせば足りるのであって，カルテそのものまでは開示する必要はないように思われる。もっとも，母親がその説明に納得しない場合にも，カルテの開示が拒めるかどうかは，微妙なところである。むしろ，母親本人も並行面接を受けていることも考慮すれば，全面的ではないにしろ，開示に応じなければならない場面も出てくるであろう。

いずれにしろ，未成年者の面接に際しては，本ケースのような状況に陥らないよう，本文の解説3で指摘されて

いるような「再確認」を含めて，できるだけ定期的に親権者等に状況説明をしたうえで，こまめに面接方針を確認・修正するよう心がけるべきである。

（宮下 修一）

コラム 7　　　　　　　　　面接記録（カルテ）の保管と持ち出しについて

　ケース経過の検討や担当者の交替による引き継ぎのために，面接記録をきちんと整えておくことは必須である。同時に面接記録はクライアントのプライバシー保護の観点から，きわめて厳重に管理されなければならない（日本臨床心理士会倫理綱領4条の6）。多くの相談機関では，一般の人が入ってこない場所で，しかも施錠された状態で保管することになっている。
　相談機関からの面接記録の持ち出しは，盗難や置き忘れなどの危険もあり，第三者の眼に触れる可能性もあるので，厳に慎むべきである。
　さらに近年はパソコンによる記録とデータ保存がなされることが多くなっているが，インターネットに接続されているパソコンからはインターネットを通じてデータが流出する恐れがある。ケース記録の入力や報告書の作成などの際は，ネットワークに接続していないコンピューターを用いなければならない。またデータを保存した電子媒体の持ち歩きは，面接記録そのものを持ち歩くのと同様の危険があるので，厳に慎むべきである。
　平成17年4月に「個人情報の保護に関する法律」が施行された。同法については，「医療・介護関係事業者における個人情報の適切な取扱いのためのガイドライン」（厚生労働省平成18年4月21日改訂版）およびこれに関するQ&A（事例集）が出ている。これらは，心理臨床に関するデータの扱いについても参考になろう。

（早矢仕 彩子）

コラム 8　　　　　　　　　　　　　　　　　　　　　カウンセリングの料金

　地方自治体が関わる機関（例えば，児童相談所，教育センター，教育相談所，精神保健福祉センター，適応指導教室など）では，クライアントと定期的なかかわりを持つ場合であっても料金を課さないのが一般的である。ただし，相談に当たるのは必ずしも心理専門職とは限らない。
　スクールカウンセラーをはじめ，学生相談室，企業内相談室のカウンセラーなどは，そのカウンセラーの雇用主が給与を負担することにより，来談者からは料金を徴収しない。これは，相談室が学生サービス，従業員サービスとして位置づけられているからである。

それに対して，開業心理士のもとでの相談料金は，相談場所の賃料や維持費，カウンセラーの人件費など，採算を考えるとかなりの金額になる。場所柄やカウンセラーの熟練度などによってまちまちではあるが，1時間の心理相談に対して7千-1万円がおおよその目安であろう。

　最近は臨床心理士養成コースを持つ大学で，付属の心理相談室を持つ大学も増えてきたが，ここでも，料金を設定しているところが多い。相談室だけでの採算を考えてはいないということで，継続的な単独面接では1時間2-4千円程度が多いようである。母子並行面接の場合は並行面接料金の設定がされており，両方で2-5千円など割引料金になっているところが多い。

　カウンセリングの料金が設定されているということは，カウンセリングが個人的な慈善などではなく，専門職としての「仕事」であることを明確に示していることでもある。カウンセリングの開始に当たっては，料金についてもクライアントに明確な説明をして，あとでトラブルが起きないようにしておく必要がある。

　また，カウンセリングの料金を金銭ではなく物品やサービスで受け取ることは，職業的な関係を歪めたり搾取を生じさせる怖れがあるため，一般的には控えるべきとされている（Corey et al., 2003，村本他訳 2004）。

（早矢仕　彩子）

ケース 2

スクールカウンセラーの守秘義務と学校との連携

　私はスクールカウンセラー（SCと略）として○○中学校で仕事をしている。近年のSCの活動は多様になってきて、オープンスペースで子どもたちに声をかけて、相談にのるような活動も増えてきている。しかし他の生徒たちが大勢いるような場では話しづらいこともあり、相談室で一人の生徒との面接も行っている。しばらくの間不登校だったB君は、まだ教室までは行くことができないが、保健室や図書室にまでは時々行けるようになった。保健室の先生から勧められて、私がいる相談室に話しに来るようになった。今では、週に一度ぐらいやってきて、いろいろなことを話していく。最近の話題の中心は興味を持っている漫画や好きな音楽のことなどだ。

　ある日のこと、職員室でB君のクラス担任が、私に話しかけてきた。「B君は相談室でどんなことを話していますか？　あの子が早く教室に来られるようになれば、といつも願っているんですよ。B君が話している内容を聞かせてもらえたら、B君に何をしてあげたらいいか考えることができると思ってお聞きしているんです」。

　さて、私はこの熱心で親切な若い担任に、B君との面接のことをどう話せばよいだろうか。

キーワード　スクールカウンセラー，信頼関係，守秘義務，学校との連携

背景となる事実

1. B君はいま中学3年生である。中学2年生の5月頃から時々欠席をするようになり、夏休み後は全く学校へ行くことが出来なくなった。両親はB君が学校に行けなくなったことを心配して、その理由についても問いただしたが、B君ははっきりとした理由は口にしていない。担任の観察によると、1年生から2年生になるときにクラス替えがあっ

たが，新しいクラスでは親しい友人ができず，クラスの中では孤立していたようだ。

2. 普段は，登校時間が過ぎるまで寝床から起きてこないが，8時半頃起きてきて，あとはテレビを見たり，ゲームをしたり，好きな漫画を読んだり音楽を聴いたりしてすごしている。学校がある時間帯は外出しないが，夕方になると本屋やコンビニに買物に出かけることもある。また友人が来ると一緒にゲームをしたりして遊ぶ。両親や5年生の妹とは普通に話をしている。

3. 2年生から持ち上がりの担任は，大変熱心な若い男性教員だ。不登校については研修を受けたり，本を読んだりしてよく勉強しており，性急なやり方ではなく，本人の気持ちを大事にしてゆっくりと関わっていこうとしている先生。以前は心配して時々家庭訪問もしたが，B君にあまりプレッシャーをかけてもと思い，最近は家庭への訪問は控え，2週間に一度くらいB君に電話をかけている。電話では学校の行事予定や出来事を話し，「みんな待っているから，いつでも来れるようになったら，教室へおいで」と言っているとのことだ。B君はこの担任のことを嫌ってはいない。

4. 不登校になってしまった生徒にとって，再び登校して教室まで行くことは，大変な勇気とエネルギーを必要とする。そこで，とにかく学校まで来ることを目標にして，他の生徒たちに見られることのない保健室や図書室，校長室など，教室以外の場所への登校が提案されることがあり，生徒の状態によっては，それに応じることができる場合がある。B君は3年生になってから，週に2日程度，2時間目からお昼頃まで保健室に登校できるようになっている。

5. ○○中学校には，県の教育委員会から，SCが週に1日派遣されている。私はまだ臨床心理士になったばかりの若い女性カウンセラー。前任のSCが辞めることになったのでその後を引き継いで，今年度から同校で仕事をするようになった。相談室は，生徒が訪れやすいような場所で，保健室の近くにある。6月頃からB君が週1回，1時間程度，相談室に話しに来るようになった。

> **考えてみよう**
>
> Q1：B君のことをいつも心にかけて，電話での声かけも続けてくれているこの理解ある担任に対して，B君の状況についてどの程度までなら話しても大丈夫だろうか。
> Q2：B君との面接の内容をカウンセラーが担任に話すかどうかを決める際に，考えるべきこと，注意すべきことはどんなことだろうか。
> Q3：SCと学校側（担任以外の管理職等）はどの程度まで情報を共有しておくのがよいだろうか。

解　説

1．守秘義務と信頼関係について

　スクールカウンセリングの場も，基本的には一般のカウンセリングの場と同じである。クライアントとカウンセラーは，その空間と一定の時間を二人だけのものとして共有しながら，カウンセラーはクライアントに耳を傾け，共感的・受容的に聴きながら，信頼関係を構築していく。その場が安心を保証された空間であり，クライアントが受容されていることを実感できることが，クライアントがだんだんと心のうちを深く話すことを促進する。またそれを真剣に受け止めるカウンセラーとの間の信頼関係も強まっていく。

　このような過程において，面接内容を不用意に他者に漏らすことは，カウンセリングの進展，特に二人の間の信頼関係の構築にとって，致命的なことになりかねない。

2．秘密厳守の例外について

　しかし，秘密厳守が守られるべきではない例外がある。それは放置しておくとクライアントに身の危険があるとき，あるいは他者を傷つけてしまったりする恐れがあるときである（自傷・他害のおそれのある場合——総論25頁参照）。緊急な事態では秘密厳守よりも，人の安全の確保が優先される，とされている。そのようなことが起こる可能性のあるクライアント

との面接においては，緊急の場合に，本人の承諾を得ることなく他者に連絡することがありうることをあらかじめ話しておくことが必要である。

　本ケースの場合は，自傷・他害のおそれなど急激に事態が変化するということはなさそうなので，上記の例外にはあたらない。したがって，その場ですぐに面接で語られた内容等について話すということは差し控えたほうがよい。いくら相手が信頼のできる人であっても，カウンセリング関係においては第三者であることに変わりがない。時間をおいて，クライアントであるB君と，どのような内容をどの程度までなら担任に話してよいかということを確認しあった上で，担任に話しても遅くはない。本人の了解を得た上で話すという基本姿勢が，クライアントはもちろんのこと，周囲の人たちとの信頼関係を作っていくことにおいても大切なことなのである*)。

　　＊) 　日本臨床心理士会倫理綱領の2条には，「業務上知り得た対象者及び関係者の個人情報及び相談内容については，その内容が自他に危害を加える恐れがある場合，または法による定めがある場合を除き，守秘義務を第一とすること」とある。

3．活動の報告と秘密厳守，SCに対する学校側の期待

　教育委員会や学校は，SCを雇用して活動を始めたからには，この事業が有効に働いていることを確認したいと考え，当然のことながら，カウンセラーに対して活動報告を求めてくることが多い。活動報告において，どの程度まで詳しく報告するのかという判断は各カウンセラーがしなければならないが，その限界等についてあらかじめ双方で話し合って明確にしておくことが必要であろう。

　学校現場に臨床心理の専門家が配置されたことに対して，教師たちは様々な期待や要望をもって，よりよい学校を目指してSCと協力体制を作っていこうとする。このような学校側や教師の期待や要望に対しても応えていかなくてはならない。

　SCは相談室で生徒からの相談に応じること以外に，教職員を対象とした講演や，研修会などでの話題提供や，コンサルテーション（教職員の生徒に対する対応についての相談など）を求められることもある。相談室に来る生徒のプライバシーを守るためにも，研修の機会などでは，生徒が特定されるような具体的事例についての言及は避けるべきであろう。

SCはいろいろな形で学校の行事や催しに参加することにより，学校の様子がわかり，教員と密な話合いの出来る土壌が形成されていくという面もある。そのようにしてパイプがしっかりと出来ていけば，面接の中で生徒本人からの要望などを聞き，それを学校側へ伝えることもやりやすくなる。このような役割も，SCとしての重要な仕事といえる。

守秘義務の法的扱いについては，法学レクチャー7：秘密の保持についての民事責任，124頁参照。　　　　　　　　　　　　　（早矢仕　彩子）

| コラム 9 | スクールカウンセリング活動と学校 |

いま一般にSCと呼ばれている人の多くは，平成7年度より始まった文部省（現文部科学省）のSC活用調査研究委託事業により，各都道府県の教育委員会によって任命され活動している人達である。その規模は年々拡充し，現在では全国ほぼすべての公立中学校に，SCが週1日程度，配置されるようになっている。このほか，都道府県，あるいは市町村独自の事業として予算化され運営されているものもある。最近では小学校にも配置し始めた自治体もみられるようになった。いずれの形も，教育委員会や学校が，生徒が安心して相談できる場所が必要であることを認識した上で，必要度の高いところから配置しているものである。一方で私立中学高校では，学校独自にSCを雇用し，相談室を設置しているところが多い。

SCが活動を始めるに当たって，学校側ときちんと話し合っておくべきいくつかの点がある（鑪・名島 2000）。
　① 学校側の期待や懸念
　② 学校側のキーパーソンは誰か
　③ 活動のための部屋と設備
　④ それまでの教育相談・生徒指導の体制
　⑤ 地域の相談機関・医療機関
　⑥ 外部の専門機関（児童相談所や精神保健福祉センター，クリニックなど）の利用の有無，などである。

また学校内の最高責任者である学校長とは，その監督指導を受ける責務があることから（水野 2005），十分に時間をかけて話し合っておく必要がある。

自分の立場を理解してもらい協力を仰ぐとともに，活動報告の限界などを合意の上で設定することにより，雇用主である教育委員会や校長からの報告要求と，生徒・学生のプライバシー保護との間で板ばさみになることを防ぐことができる。　　　　　　　　　　　　　　　　　　（早矢仕　彩子）

コラム 10　　オープンなスペースでのSCの活動

近年のSCの活動は，閉ざされた空間で児童・生徒と向き合うケースだけではなく，オープンなスペースでの援助活動などを柔軟に展開できるフットワークの軽さも求められている。例えば，授業中にSCが自由に出入りして子どもたちの様子を観察したり，給食を子どもたちと一緒に食べて過ごしたり，休み時間に一緒に遊んだりして，学校の日常生活のなかで援助活動を展開する試みなどである。休み時間や放課後などに児童・生徒が自由に来室できるオープンルームを設置している学校もある。これらの形態には，日常生活との連続性のなかで援助活動が展開できるというメリットが指摘されている（瀬戸 2006）。とはいえ，「みんながそこで遊んでいるので，相談したくてもできない」という声もあり，SCと児童・生徒による一対一の私的空間での相談の必要性も依然として存在する。

またオープンなスペースで，本来他人には知らされない方がよいような話が，思いがけなく語り出されることがないわけではない。守秘の問題はオープンなスペースにおいても重要なトピックである。当該情報の性質を見分け，必要な配慮が常に求められる。

開かれた空間での援助活動と，閉ざされた私的空間での援助活動とが，それぞれのメリットを発揮できるためにも，教員や保護者などとの連携のなかでの情報の共有とともに，情報の慎重な扱い方にも習熟していくことが求められている。

（江口 昌克・松田 純）

コラム 11　スクールサイコロジスト養成プログラムにおける倫理・法教育
　　　　　　　──シカゴの場合

　シカゴでスクールサイコロジストとして働くためには，まず大学院においてスクールサイコロジストのプログラムを修了しなければならない。この学校心理学のプログラムは，NASP (National Association of School Psychologists) の定めたプログラムに従ったものである。それと同時に，イリノイ州教育局にも認められた養成プログラムであり，プログラムを修了するとイリノイ州のスクールサイコロジストに適格であるとされる。おおむねどこの大学院のプログラムも NASP の基準を満たすものとして提供されているようだが，ここでは，シカゴのロヨラ大学のプログラムについて紹介しよう。

　ロヨラ大学はシカゴの都心にある大学である。ここの大学院では，心理学に関して Counseling Psychology (Ph. D.), Educational Psychology (Ph. D.), School Psychology (Ed. S, Ph. D.) といったコースを用意しており，学校心理学のプログラムを修了するとスクールサイコロジストとして適格と認められることになる。学校心理学に限らず心理学全般を幅広く学べるようになっている。また実習科目も非常に充実していて，1年間のフルタイムでの実習が必須となっている。その過程ではおそらく倫理的・法的問題に直面することもあるであろう。もちろん実際に対人援助の専門家として働く際にも同様であろう。そこでそのための授業が開講されている。たとえば *Ethical and Legal Issues in Counseling Psychology* という必修授業では，15回にわたり，アメリカ心理学会の定めた倫理規定を参照しつつ倫理の問題を考えたり，実際のカウンセリング事例において倫理的なジレンマに陥った際にどう決断するか討論したりといった時間が持たれている。また，*Professional Seminar: Ethical and Legal Issues* という授業では，事例に基づき，実際に直面するであろう倫理的・法的問題に対し倫理規定や法を適用していくというかたちで学びを深め，専門家としての感覚を磨こうとする。

　以上のようにロヨラ大学では，倫理的・法的問題についての授業が開講されており，援助活動を実践する際に直面するであろうさまざまな倫理的問題について学生たちが考え，教育を受ける機会が確保されている。

　実際スクールサイコロジストとして勤務してから後，法的問題に直面した際には，弁護士による相談窓口がありメールなどで相談することが可能になっている。

　　　　　　　　　　　　　　　　　　　　　　　　　（渡部　敦子）

ケース.3

性的虐待

　急激な成績の落ち込みと問題行動を指摘され，スクールカウンセラー（SCと略記）のすすめで相談室に来談した女子中学生，Cさん（15歳）と母親。現在「内縁の夫」と3人で同居。母子関係は友人のようで，しつけは放任的。「本人の自覚の問題」として学業等の問題への口出しもしない。時折見られる夜間外泊についても「教え諭す」がそれ以上の指導はしていない。同居男性は現在無職で求職中とのこと。母親が昼はスーパー，夜はスナックで働き収入を得ている。Cさんは，露出の多い形に制服を崩して着用しているが，反抗的ではなく，受理面接担当者には「今風の子」に思えた。
　家庭環境の問題が大きいとの見立てのもと，母子並行面接の形で相談を進めることとなった。

場面1
　ようやく信頼関係が形成されつつあると子ども担当者が感じ始めた頃のセッションで，「秘密は守るって言ったよね」と前置きし，担当者がそれに応じると，将来子どもは欲しいが結婚したくない，最近は援助交際で小遣い稼ぎしていることなどを話し始めた。さらに，「あいつがしつこいんで嫌なんだよ。どうしたらやめさせられると思う？」と同居男性との性的関係をほのめかすが，驚いた担当者の表情を見てすぐに前言を撤回して笑い飛ばし，「冗談だってば」とそれ以降は取り合わない。

場面2
　当初は事実関係をはぐらかしたり「別にたいしたことじゃないし」と問題に向き合うことさえしなかったが，子ども担当者の積極的な方向付けもあり，Cさんは同居男性との性的関係を「被害」と捉え，法的手続きも視野に入れ，児童相談所等公的機関の介入による問題の解決を受けいれてもよいと思うようになった。母親担当者を通じて，母親にもその意向を伝え協力を依頼したが，母親は「娘に男を寝取られるなんて」と，同居男性への怒りを露にし，Cさんが誘惑したのではないかという疑いや男性への執着心などアンビバレントな感情から混乱し，とてもCさんをサポートしていく役割を担える状態ではなくな

> **場面3**
> その後母親が「都合が悪くて」と言って，母子ともに来談しなくなった。Cさんは子ども担当者との援助関係の継続を希望しているように思われた。子ども担当者は，研修会で知り合った女性の権利擁護活動をしている団体のメンバーと連携をとり，法的手続きのための付き添いなどをしてCさんの支援を継続したいと考えている。

キーワード 性的虐待，未成年者との契約，来談者との信頼関係，守秘義務，通告・通報義務，法的手続きへの関与

背景となる事実

1. IP（identified patient）であるCさんと母親おのおのの担当者は面接初期に，継続面接の契約（口頭によるもろもろの取り決め）を個別に取り結んだ。Cさんに対しても，守秘義務の例外について自傷・他害を例に面接導入期に説明したが，聞き流している印象だった。なお，受理面接時の申込票には母親が署名し，料金も毎回母親が支払っている。
2. SCや母親の話から，男性との同居が始まる以前より，程度の違いはあれ，性的な色彩のものも含め問題行動は見られたようだ。
3. 場面1で示唆された援助交際などの問題をSCも母親も把握していないと思われる。
4. 場面2でCさんの語ったところによると，同居男性との性的関係については，小遣いがもらえる，事後しばらく優しくなるなどのため，明確に拒否したことはなかった。そのうち行為が次第にエスカレートしていったので，拒絶するタイミングを逸したようである。

考えてみよう

Q1：同居男性との性的関係をどのように捉えることができるだろうか。関連法規等での位置づけはどうであろうか？

Q2：援助交際や同居男性との性的関係が推定されたとき，面接中ならびに面接後に，どう対応するのが適切だろうか。

Q3：母親への協力依頼はどのようにするのが適切だろうか。また，

面接中ならびに面接後の対応はどうしたらよいだろうか？
Q4：保護者が面接の継続を打ち切ってしまったら，IPとの契約はどうなるであろうか？　保護者やIPに担当者から連絡を入れ，来談の意思を確認したり，来談を促すのは適切だろうか。IPが来談を希望したらどう対応するべきだろうか。
Q5：担当者がIPの性的関係を「被害」として認識した上でそれを積極的に方向付ける面接をすることや，面接の枠外で法的手続きのための支援をすることは，担当者としての領分を越えた行為だろうか。本ケースに関連する支援機関や団体とはどのように連携していくべきであろうか。

解　説

1．性的関係の理解——性被害の位置づけ

この問題は，1）性非行，2）性被害，3）性的虐待の視点から捉えることが可能であろう。

1）援助交際の延長線上にある性非行として捉えるなら，少年法が関連法規として挙げられる（この点については，法学レクチャー5：性非行と少年法上の虞犯，93頁を参照）。また「児童買春，児童ポルノに係る行為等の処罰及び児童の保護等に関する法律」で言及されている「心身に有害な影響を受けた児童の保護」という視点からも，IPの非行行為に対しては保護的なアプローチがなされるべきだろう。IPの行動には一連の性的な関係を経験したこと等による否定的な影響を受けた後のものがあると理解すべきである。非行問題の要保護児童への処遇の場合の関係機関との関わりとしては，（警察への通報を通した上での）児童相談所への書類通告（緊急の場合は身柄通告），あるいは家庭裁判所への通告が挙げられるが，本ケースの場合はのちに検討する。

2）性被害として捉えるならば，刑法の「強姦」「強制わいせつ」や，児童福祉法や青少年育成条例の「淫行」などにあたるかどうかが検討対象となるだろう（この点については，ケース5，法学レクチャー6：犯罪被害者等基本法とそれに基づく支援施策，111頁，同4：児童虐待防止法につ

いて，90頁を参照）。関係機関としては，警察，女性相談センター等自治体と関連機関，犯罪被害者支援センターが挙げられる。

　3）虐待として捉えた場合，たとえば通告先や相談先としての関係機関として，児童相談所，自治体の児童福祉課・福祉事務所・子ども家庭支援センター（東京都区市町村），子どもの虐待防止センター等の民間団体，緊急の場合には警察などが挙げられる。本ケースは，法的には少し曖昧な点がある（ただし，対応の実務としては大きな違いは生じない）。児童虐待防止法は保護者の範囲を「現に子を監護するもの」まで含むとしているが，同居男性がIPの監護にあたっているか（具体的には，しつけや教育などの監督，保護，育成を担っているか）については不明確である。「保護者」として捉えない場合，同居男性の行為は，同法の定義する「児童虐待」に当たらないことになる。深刻な要保護要件を満たしているにもかかわらず，加害者が保護者か否かで児童虐待にあたらない場合が生じるという問題を形式的に補完するために，保護者の交際相手からの性的虐待については保護者によるネグレクト（保護者はそのような事態から児童を保護する責務があり，それを遂行できていない事態）として同法の定める「児童虐待」の枠組みで捉えるようになっている（法学レクチャー4：児童虐待防止法について，90頁参照）。

2．児童虐待は犯罪概念ではない

　これは，児童虐待が福祉概念であり，犯罪概念ではないと理解すればよりすんなりと了解できるだろう（法学レクチャー4：児童虐待防止法について，90頁参照）。何人も児童に虐待してはならないことは同法でも明確に規定されているが，同法の中核は，危機的状況にあり援助ニーズのある子どもと家族を保護し支援することであり，加害者を断罪することではない。たとえば，加害者に加害意図や傷害に帰結するという認識がない場合でも，児童が極端に不適切な生育環境にある場合，それは虐待と定義され，保護と支援の対象となる。本ケースでも母親のネグレクト（という類型の児童虐待）の事例と考えられるが，それは母親の監護能力への支援のニーズを明確化したものと理解することができる。だからこそ，同法は加害者たる親の支援を謳っているのであり，児童の保護のみならず，児童の生育環境を適切に整えるために必要な支援を展開することを求めているのである。さもなければ，予防，早期発見，加害者の支援や家族再統合に向けた支援

の土壌を育むことが難しくなるだろう。通報は，児童の福祉と人権擁護のために行われるのであって，犯罪行為の告発ではないことが広く理解される必要がある。法が虐待に刑罰規定を設けていないのはそのためであると解釈でき，刑罰は刑法や児童福祉法等既存の法体系で扱うべきだろう。

　ところで，児童虐待防止法における支援対象にこの男性は位置づけられうるだろうか。深刻な事例では特に，児童の保護を優先する必要がある。明確な接触を伴う性的虐待の場合，今日の福祉実務の常識的な対応として，親権者であっても分離処遇が一般的であり，本ケースも家族からの分離か同居男性との関係を解消する方向で働きかけがなされるだろう。また性被害について裁判となる事例では，分離，施設入所について親権者の同意が得られないことが多いことからも，児童相談所で一時保護を行うのが一般的である。しかし，社会防衛的な意味も含めて，児童虐待における男性加害者への支援の必要性は明白であり，大きな課題といえるだろう。

　一時保護期間で十分な処遇が達成できない場合に，施設入所措置を行う場合がある。施設養護の実際についても（よい点ばかりではないことを含め）ある程度知っておく必要があろう。年齢や問題の性質により乳児院，児童養護施設，情緒障害児短期治療施設（いわゆる「情短」），児童自立支援施設などがある。

3．危機介入──保護の必要性の判断と対応

　IPが保護を必要とする危機的状態にあるかどうか与えられた情報だけでは曖昧である。しかし，その可能性は否定できない。具体的な情報を得ようとする努力は必要で，場合によってはSCや保護者から話をきくことも必要になるかもしれない。

　具体的には，児童虐待の可能性と援助交際などの非行行為の可能性の認知ということになる。いずれも蓋然性は高いと考えるべきだろう。

　非行事実を知り得たときの対応はどうあるべきか。特にこの場合は援助交際が，虞犯少年としての要件にあたるかが問題となる。援助交際などの性非行は，要件を満たさなければ，虞犯とは見なされない（法学レクチャー5：性非行と少年法上の虞犯，93頁参照）。また児童相談所では非行事例については，本人もしくは保護者からの直接の相談がないときには，そのままケースとして受け付けることはしない場合が多い。警察への通報を通した上で，児童相談所につなげることが適切であると考えられている。本

ケースでは，非行事例としての側面も児童相談所への虐待通告の中で報告することになるのが一般的であると思われる。そこで以下では，虐待の可能性に焦点を当て検討する。

　性的虐待に焦点を当てるにしても，ネグレクトとして理解するにしても，場面1ではその事実関係は曖昧である。そのため，一時保護の手続きを視野に入れつつ，児童相談所に通告するべきか，あるいは担当者との信頼関係を維持することを優先し，クライアントの成長を信じて見守るべきかという葛藤が生じるかもしれない。しかし，児童虐待防止法の改正の際に，「児童虐待を受けたと思われる児童」を発見した場合にまで通告義務の範囲は拡げられ，事実関係が曖昧な場合にも通告の義務があることが明確になった。また，対人援助専門職は「児童の福祉に職務上関係のある者」として「児童虐待を発見しやすい立場にあることを自覚し，児童虐待の早期発見に努めなければならない」とされており，一般的にも通告を躊躇すべき立場にはない。本ケースでは，IPが13歳未満の時点からの反復的な性的虐待が行われていた可能性もある。

　具体的な対応としては，担当者を信頼して話しにくいことを話してくれたことへの感謝やねぎらいのことばをかけることは忘れてはならないだろう。また，このような事例では，多くの場合，信頼関係の構築が難しく，ちょっとしたことで容易に関係が後退することがあるため，ラポールの形成は特に丁寧に行う必要がある。担当者が真にIPの立場に立ち，意思を尊重しつつその利益のために援助を行うという基本姿勢をもっていることと，その真剣さと純粋性を適切に伝えることが大切だろう。その中で，知り得た性的問題について，それがなぜ通告に値することがらなのか，それがどのようにIPの保護と権利の擁護に結びついているのかを説明し，通告についての了解を得るよう努力することになる。「下手に口を滑らせると勝手にバラされる」などという思いを残すことがないようにしたい。担当者の技量的な制約からその場での臨機な対応では信頼関係を維持したまま必要な説得が不可能だった場合にも，スーパーヴァイザーもしくは所属部署等の責任者に迅速な報告と相談を行う必要があるだろう。またこのような状況は，援助関係に少なくない影響を与えるはずである。守秘義務の例外としての対応が必要かもしれないと認識しながらも，きちんと面接で扱うことができずに，その葛藤を担当者が一人で抱え込んでしまった場合も，同様である。表面上の葛藤回避で信頼関係が順当に深まっていくもの

ではない。適切な指導を受けながら事後の面接の進め方を調整しなければならなくなるだろう。

4．通告にあたって

　通告にあたっては，個人で行動せずに組織で情報を共有した上で通告する。例えば，学校や病院に勤務する担当者が通告の必要性を捉えたときには，校長や病院長，もしくはそれに相当する責任者や関係部署で緊急に会合をもち，適切に現段階で把握している事実関係等を整理した上で通告するようにする。虐待等の複雑で深刻な問題は，担当者が個人で抱え込むべきではない。当然この時，専門職としての守秘義務と，IPの権利を最大限尊重することが関係スタッフにおいて徹底されていなければならない（援助専門職者チームにおける情報の共有と守秘義務については，ケース2および4参照）。組織もしくはその長が通告をためらう場合，個人として通告することも選択肢のひとつとなる。必要であれば，匿名による通告も可能である。

　通告に引き続き，その緊急性の判断如何によって，虐待の事実の確認を含めた広範な調査，支援，介入が児童相談所中心に行われるのが一般的である。虐待の事実が確認できないことは通告しない理由にあたらない。通告によって生じる来談者への不利益とのバランスを勘案する場合もあるだろう。しかし，一定の信頼関係が形成された専門的援助関係の存在は，虐待の調査，支援，介入を進める上で貴重な資源となりうるので，重要な連携先として認識されるはずである。児童相談所など通告・通報先との緊密で適切な連携により，不適切で援助関係破壊的な介入は多くの場合，避けることができるだろう。

　通告という行為に抵抗がある場合には，通告が必要かどうか通告先機関に相談をするとよいだろう。連絡を受けた当該機関では，いずれも事実上同じ意味をもつので，通告義務を果たしたことに変わりはない。また地方によって，児童虐待の対応を行う自治体の部署や組織の体制やネットワークのあり方が異なるため，日頃からそのような情報を収集しておくことも必要である。

　それでも通告義務に罰則規定はないので，援助的な関わりの必要から通告を控える場合もあるだろう（特に，虐待の事実関係が曖昧で，かつ危機介入的ニーズの時間的切迫性があまり高くないと思われる場合にはそうい

う判断をする専門家もいるかもしれない)。しかし，虐待は深刻な事態であり，適切な介入のためには多くの場合，多機関，多職種の連携が必要となる（たとえば，本ケースのように，相談の中断に対して，一般的な「受診型」の相談機関では限界がある。また，加害者の接近を禁止することや一時保護，親権者等からの分離処遇，司法手続きの支援などが必要になることもある)。義務の不履行には相当の事由を必要とする。むしろ，通告について被害者，加害者でない保護者，あるいは加害者本人に，事前に伝え理解を得ようと努力するか，あるいは事後に伝えるのか，伝えないのか，伝えるとすればどのように伝えるかについて，きちんと検討する必要があるだろう（なお，守秘義務については，法学レクチャー7：秘密の保持についての民事責任，124頁参照)。

5．保護者への支援

　保護者への協力依頼には，施設スタッフ内での情報共有や児童相談所等専門機関への通告や情報提供とは異なり，いわゆる守秘義務をもつ専門職ではない者への情報開示という側面があるため，守秘義務をめぐる葛藤の扱いはより難しいものとなる。当然，ここでもその必要性と意義を含めて説明しつつ，IPの了解を得るよう努力することが前提となる。

　保護者への秘密開示についてIPの了解が得られない場合には，もし秘密保持を優先した場合に生じるIPの不利益（あるいは秘密保持を一部犯すことで得られる利益）と，秘密保持の一般的責務やIPとの契約を破ること（あるいは，その秘密保持で得られる利益）とのバランスをみなければならない。一般に，自他に危害が生じる場合が，秘密保持の責任の例外の理由として挙げられる（総論25頁参照)。性非行やすでに生じている不適切な性的な関係の継続がそれにあたるのか，あるいは，どの程度であれば，どの程度の秘密保持の例外に相当すると考えられるだろうか。また，保護者の状態を知りうる立場にあった場合，その判断に違いが生じるだろうか。具体的に検討してみて欲しい（守秘義務と保護者の同意の問題については，さらに次項で論じる。また，ケース1参照)。

　本ケースでは，児童相談所等の公的機関の介入を受けいれるという意向が認められることから，保護者に事情を秘匿したままにして欲しいというIPの意向は，場面2の段階ではすでにある程度解消されているはずで，この場面では秘密の保持をめぐる葛藤は実際には生じにくいだろう。むし

ろ，保護者（この場合は母親）への支援という視点が欠かせない。公的機関の介入のための手続き上の必要ということに限らず，IPがより好ましい生育環境を得る上でも，IPの問題改善のために補助的な役割を果たすための指導と助言を受けるにとどまらず，その援助ニーズを十全にくみ取った上で，母親自身へのケアやサポートが提供されることが期待される。この視点は，たとえ母親が現に相談サービスの受け手ではないとしても重要である。多くの場合未成年者の支援，こと危機介入においては，IPの家族への支援は重要となる。

また，具体的な関わりにおいて，母親の思いを受け止め，母親自身の立場を尊重したサポートを提供するとともに，IPの思いを十分に伝えることが大切であろう。機械的な依頼の申入れとなってはならない。母親への依頼に際しては，具体的に何が必要になるのかを相談スタッフ側で十分把握してから対応する必要がある。曖昧な申入れは，不安定な母親の不安をさらに高めることにつながるだろう。

6．保護者の意向との葛藤——ケースワーク的な介入の必要性

本ケースの検討課題として，司法的な手続きを視野に入れた協力依頼をするという設定になっているが，Q2で焦点を当てた場面1の時点で，どこまで保護者に情報を伝えるべきかについて，議論されたであろうか。本ケースのように，未成年者との間になされた契約は，治療上および社会慣習上どのように位置づけられるだろうか。またそのような契約関係を別にしても，重要な事実が判明した際に，保護者に報告する責務はどう考えられるだろうか（ケース1，法学レクチャー2：未成年者と親との関係，60頁および同3：カルテの開示・説明と法的責任，61頁も参照のこと）。

多くの場合，保護者の同意の下に未成年者との間で援助サービスの提供についての契約が締結され，有料の相談の場合，保護者はその支払いを行う者でもある。信頼関係を形成する必要等から相談内容について詳細に開示することはできない旨説明すれば了解の得られる場合が多い。しかし，すべての保護者がその説明で納得するとは限らない。また，そもそも重要な事項については報告の義務があると考えられる。保護者と援助の方向性や意向のずれがあった場合には，どう考えたらよいのか。保護者の「同意」なしに未成年者の面接を開始もしくは継続することはできるだろうか。それが無料の相談だった場合はどうだろうか。保護者からの面接中断の表

明があったあとになお保護者を説得するなど働きかけること，あるいは，反対されるとの予想から（相談対象である未成年者の希望にそって）保護者に秘匿したままサービスを提供することについてはどう考えられるだろうか。虐待などの未成年者の権利擁護に関する明確なニーズがある場合ではなく，そのようなニーズが曖昧な場合には，大いに葛藤が生じる可能性がある。相談機関に年齢に関する明確な規定がある場合にも，柔軟な運用が必要と判断されたときには考慮することができるだろうか。料金の徴収を減免することは倫理的にどのような問題をはらむだろうか。

　子どもの福祉を真剣に考え，来談者となる可能性のある人々の援助ニーズに真摯に対応しようとする専門家ほど，このような葛藤に巻き込まれるかもしれない。しかしこれらの多くの問題は，児童相談所等の一定の権限をもつ機関が適切に関与することで乗り越えうると考えることもできる。そういった意味では，一相談機関がすべてを抱え込むことは，制度的にも現実的ではなく，児童相談所を含めた公的機関にリファーするということが一般的ではないかと思われる。

　親権者もしくは保護者がいるのに連絡がつかない場合，連絡がついても拒否する場合には，未成年者には必要なサービスを提供できないことがある。おかしなことだが，親の同意がない場合，虐待がなければ医療サービスを受けられないこともある（なお，虐待があっても，精神科の場合には，精神保健福祉法の措置入院との関係で一時保護委託に応じることもできないと考えられている。思春期事例については重要な問題点となる）。心臓疾患や脳の手術が必要な乳児への医療拒否に対して，親族等からの訴えで児童相談所長が親権の濫用もしくは虐待（ネグレクト）があると判断して親権の一時停止（実際には，親権喪失宣告の申立てと，親権者の職務執行停止および職務代行者選任の保全処分の申立てをするもので，手術などが終わったあとに申立てを取り下げる場合もある）の手続きをとった事例が報道されている。親権喪失宣告は処分としては重すぎ，親権の一部（身上監護権）の一時停止を可能とするような法整備が課題となっている（親権については，法学レクチャー2：未成年者と親との関係,60頁参照）。

　このように，もろもろの制度的な整備はいまだ発展の途上にあり，またたしかに，地域や担当者による個別性も大きいのは事実である。リファーしたから，公的機関につなげたから，専門職としての責務は十全に果たしたと考えるのではなく，地域資源の現状を把握したうえで，適切な情報提

供，児童相談所等からの要請に応える形での継続的関与など，積極的に連絡をとり続けながら，何らかの形でその後の行方を見守る姿勢を期待したい。

関係組織として，従来任意設置だった「児童虐待防止ネットワーク」が挙げられる。児童福祉法改定により「要保護児童対策地域協議会」として法定化された。従来，公務員や国家資格者ではない臨床心理士やカウンセラー等の対人援助専門職が，守秘義務を理由に必要な情報を共有することができない（双方向的連携ができない）ことがあった（不適当な解釈と思われるが）。しかし同法で協議会構成員は守秘義務を負うことが明記されたため，今後は関係専門職を広く含めた連携のネットワークの展開が期待される。また，非行や虞犯の問題も含む少年の問題については，小中学校・警察・教育委員・民生委員・児童委員・保護司・児童相談所等の関係者で構成される青少年問題協議会，もしくは相当する組織が，ネットワーク構築と必要な情報の共有の上で機能している地域もある。さらに，犯罪被害者支援センターなども関連しているだろう。

以上のように，5で論じた保護者への支援や保護者との関係調整も含めて，心理相談やカウンセリングの視点に加えて，ケースワークやコミュニティワークの視点からのアプローチも必要となってくる。

その視点から見ていくと，このケースでは，キーパーソンとなるのが母親に限定して考えてよいかについても，議論の余地がある。前夫や祖父母，親類など，この問題を乗り越えていく上で力になってくれる，資源となる人物は誰なのか。クライアント自身の自発性，成長，改善を期待しそれを促すアプローチだけでなく，社会資源の活用や環境調整をねらった積極的介入などのケースワーク的な介入を行う方が適切な場合もある。もちろん，相談担当者の専門性や経験如何によって，適切な専門家のコンサルテーションを受けたりリファーをしたりということも選択肢となる。そして，深刻な事例の場合には児童相談所等の福祉ケースワークの専門機関との連携が不可欠となる。

7．専門職としての職能と責任の範囲

専門職としての経験や技能から，犯罪被害者への相談，危機介入，付き添いといった業務外の活動（ボランティア等）が期待されることも多くなっている。専門職のコミュニティの問題解決活動への参加の必要性は明確

だろう。時間や経済的な問題も含むコスト要因を考慮に入れたコミュニティアプローチの方法論的検討が期待されるところでもある。

　そのような活動へのコミットは専門職としての責務なのか。当然個人の生活は尊重されるべきで，倫理的には支援のニーズをもつ人物の失うものとのバランスの判断となろう。医師・弁護士・薬剤師などはその社会経済的地位を勘案すれば，ある程度のコストを賭してでもそこに困難をかかえる人物がいる以上，相応の援助を行う倫理的な責務が発生する。臨床心理士・カウンセラー・保健師・精神保健福祉士などはどう考えられるだろうか。

　一方で，援助関係の枠組みの遵守や中立性など，個人心理療法でしばしば重視されている原則の意義も忘れてはならない。それらは援助対象者の援助の効果を最大化し，あるいは否定的な副作用を最小限にする上で必要であると考えられている。面接の枠外で利害関係者となることがもつ影響の大きさ，専門職として期待されている役割を逸脱することがもつ意味について，特に心理臨床という援助サービスを提供する文脈では，十分に吟味すべきだ。さらに自らの専門性や技量，所属組織の職場環境やスーパービジョンを含めたバックアップ体制の質等をも考慮して，社会的，倫理的に要請されるバランス判断と意思決定がなされる必要があるだろう。

8．本人の意思尊重とパターナリズム──善行原則と自律性の尊重

　次にもう一つの重要な視点としてパターナリズムについて考えておきたい。

　未成年で，適切な意思決定において一定の未熟さをもつ者の場合，来談者の意向を尊重することと，保護的な介入との葛藤も生じる。「要保護」「未熟」という枠付けがIPのエンパワメントに逆行する作用をおよぼす危険性も留意すべきだろう。それは自己決定や自律性の尊重という倫理原則と葛藤するはずである。子どもの権利条約でも意見表明権として提起されている視点であり，未成年者の意思の尊重は重要である。実際に，成人であっても，来談者の意向を尊重しつつ，専門職としての視点からも意見を述べ，両者にとって適切と思われる合意点を模索しながら援助を進めるのが一般的であろう。両者に本質的な差異があるかどうかは検討の余地があるかもしれない。たとえ未成年者であっても，相手の理解できる方法でこちらの判断やねらいを説明し，意向を確認しつつそれを尊重しながらサ

ービスを展開していく必要がある。それが不適切である（そうしない方がよい）と判断するには相応の事由が明確になければならないし，スーパーヴァイザー等との判断の一致が前提となるだろう。

　未熟な知識の中での，あるいは自己破壊的な色彩を伴う性行為に対応する援助的な関わりにおいても同様である。性行為が性的自己決定権に基づく自由な意思による行為と見なされる部分と（法的な位置づけとしての性交同意年齢とは別にもその問題を考えてみてほしい），自傷行為に類比的な自己破壊的な行動化として捉えうる面とがあるだろう。後者の判断が専門家による一方的な判断の押しつけとパターナリズムに陥っていないか検討する価値はある。他方で，犯罪被害や望まない妊娠，STD感染のリスクなどに配慮が必要となる。適切な介入・援助とパターナリズムの問題との葛藤をどう扱うかが課題となろう。

　ところで，触法行為，違法行為を知ったときの専門家の倫理的意思決定の枠組みに，犯罪や不法行為の予防や社会秩序の維持という社会防衛の視点が加えられる（ケース7参照）。未成年者の場合，それに加えて未成年者の保護という視点が大きくなる。しかし，多くの場合，援助交際等の売春側の性非行には，具体的な犯罪要件が欠けており，犯罪被害や感染等の危険回避という意味での保護はおくとすると，性的道徳心等の社会的な秩序と価値の保護とその習得を目的とした，「健全育成」という観点が要保護性判断の背景にあることを忘れてはならない。これはあくまで，道徳概念であり，権利保護とは異なる視点であるという議論もある。非行少年を「保護」する場合，何を保護しようとしているのか，援助専門職者の暗黙の認識枠組みを振り返る意味でも重要な論点が含意されていると思われる。

　加えて被害者特有の自己卑下的で自罰的な傾向や主張性の著しい低下，対人関係障害や抑うつなどの問題が考慮されるため，中立的なカウンセリングサービスとは異なる，より積極的な支援を提供することになる場合も多く，ここにパターナリズムや過剰な保護，支援の可能性が認められ，対象者のエンパワメントの必要性と，保護・支援というニーズとの葛藤が生じる。倫理的には，ある面での善行としてのアクションと，自律性の尊重（あるいは自律性と自己決定力の回復という善行）とが葛藤しているとみることも可能だろう。

　本ケースで担当者は，IPを「被害者」として支援し，最終的には法的

手続きをとるような方向で問題解決を促すことになるが，ここでもIPの利益と，社会正義の実現という二つの価値が絡み合っている。また，前者は治療的，援助的な視点，健全育成等の道徳的視点，権利の擁護という視点などがさらに複雑に絡み合っている。被害者にとって，社会正義の実現に向けたアクションが何らかの救済となる場合もあるだろうが，これらが矛盾・葛藤することも少なくない。援助者側がそれを「被害」として積極的に枠付けして援助を展開することには，ある種の価値判断が伴っている。その適否についてどのように考えたらよいであろうか。　　　（田辺　肇）

■法学レクチャー　4■

児童虐待防止法について

2000年に公布・施行された児童虐待防止法（児童虐待の防止に関する法律。以下，防止法）は，2004年，2007年と大きな改正を経て現在に至っている。ここでは，防止法の全体像を概観しておこう。

1　虐待「防止」法と刑事罰との関係

防止法は，「児童虐待が児童の人権を著しく侵害し，その心身の成長及び人格の形成に重大な影響を与えるとともに，我が国における将来の世代の育成にも懸念を及ぼすことにかんがみ，児童に対する虐待の禁止，児童虐待の予防及び早期発見その他の児童虐待の防止に関する国及び地方公共団体の責務，児童虐待を受けた児童の保護及び自立の支援のための措置等を定めることにより，児童虐待の防止等に関する施策を促進し，もって児童の権利利益の擁護に資することを目的」としている（1条）。児童虐待が人権侵害であり，世代間連鎖を招くものだという前半の宣言部分は2004年改正で，最後の「権利利益の擁護に資すること」の部分は2007年改正で挿入された。

なお，この法律はあくまで「虐待『防止』法」であり，虐待という犯罪類型を創設してそれを処罰するための法律ではない。処罰は，既存の犯罪類型に該当する限りで刑法その他の刑罰法令に任されている。例えば，虐待の定義については2条が規定しているが，そのうち身体的虐待（1号）は殺人（未遂）罪・傷害罪・暴行罪など，性的虐待（2号）は強姦（致傷）罪・強制わいせつ罪・児童福祉法違反・青少年保護育成条例違反など，ネグレクト（同条3号）は保護責任者遺棄（致死

傷）罪や重過失致死傷罪などにあたるとされれば，それらの犯罪類型で処罰されることになる。同条4号の心理的虐待（DV防止法改正と同時になされた2004年改正でDV目撃が内容に含まれた）については，直接それを処罰する犯罪類型を見出しがたいが，最近PTSDを惹き起こす行為を傷害罪で立件する例が見られるようになっている（刑法理論上の問題はなお抱えている）。防止法の14条も，しつけや親権の行使を理由に刑法上の犯罪の責任を免れることはないと規定している。

2　防止法における「保護者」の意味

ところで，防止法3条では「何人も，児童に対し，虐待をしてはならない」と一般的に児童虐待を禁じている一方で，2条では，保護者が行う上述の1号から4号までの行為を虐待と定義している。その保護者とは「親権を行う者，未成年後見人その他の者で，児童を現に監護するもの」となっている。「その他の者」には民法に規定のある親権代行者や監護者，児童福祉施設長（児童福祉法47条の規定による）などが該当する。また，厚生労働省はこの条文について，児童福祉法6条における「保護者」「監護する」と同様に解釈すべきとして，例えば子どもの親と内縁関係にある者も，子どもを現実に監督，保護している場合には保護者に該当し，「現に監護する」とは，必ずしも，子どもと同居して監督，保護しなくともよいが，少なくともその子どもの所在，動静を知り，客観的にその監護の状態が継続していると認められ，また，保護者たるべき者が監護を行う意思があると認められるものでなければならないとしている。もちろん，該当する行為が先述した刑罰法令に触れる場合には，防止法に言う保護者であろうとなかろうと犯罪で立件されることになるのだが，その他防止法が予定している各種措置については，後述するように，一般法といえる児童福祉法において児童と保護者という枠組みが取られていることもあって，法律上「保護者」と言えない者には及ばない。この点は制定時から批判されているところであり，2004年改正ではネグレクトを規定する2条3号に，保護者以外の同居人による各種虐待行為を保護者が放置したことが新たに加えられて若干の進展を見たとされるが，根本的な解決は図られていない。

3　虐待防止に向けた責務と通告義務

防止法4条は国および地方自治体の責務を規定している。児童虐待をはじめ児童福祉一般は，第一義的には地方自治体が運営主体となっているため，各自治体が児童虐待にかかわってどのような体制をしいているか，活動の拠点となっている地域にどのような児童虐待に対応するための（自治体を含めた）専門家や市民の活動・連携があるかを把握しなければならない。

広い意味で児童福祉に職務上関係する者には早期発見の努力義務が課されているほか（5条1項），市民一般に虐待を受けたと思われる（傍点部分が2004年改正で挿入された）児童を発見した場合の福祉事務所・児童相談所への通告義務が課されている（6条1項）。各職種に携わる者に課されている守秘義務はこの通告義務を妨げるものではなく（同条3項。なお，法学レクチャー1：刑事法上の秘密の保持，27頁も参照），通告者の秘密も守られる（7条）。

4　通告後の初期対応

通告がなされた場合に取れる措置についてかいつまんでみておこう（法律上の権限者が都道府県知事になっている場合があるが，実質的判断は第一線の現場である児童相談所が行うのが通例である）。まず，当該児童に面会するなど安全確認措置を講ずるとともに，必要に応じて児童福祉法に規定する児童相談所送致や一時保護の措置をとる（8条）。また，児童虐待が行われているおそれがあると認める場合には，その保護者に対して出頭を要求したり（8条の2），児童の居所への立入調査をすることができる（9条。正当な理由なく立入調査に応じない場合には50万円以下の罰金もあり得る）。これらに応じない場合には再出頭要求がなされる（9条の2）。この再出頭要求にも応じないとき，安全確保のために必要とされれば，裁判所の令状を得て強制処分として，臨検・捜索がされることになる（9条の3。9条の7により，鍵を壊して入ることも可能である）。強制処分に至るまでに一定の手続を踏まなければならないのは，人権制約の大きさに照らして慎重な手続を期するためであるが，複雑に過ぎて迅速な対応を妨げるのではないかと批判もされているところであり，その調整のあり方には困難を抱えている。なお，出頭要求以降の各段階では，実効性を高めるために警察の援助を求めることができる（10条）。

5　保護者への援助──指導・勧告等

ここまでは，虐待のおそれがあると認められる場合の児童の安全確保のための措置である。虐待を行った保護者に対しては，児童福祉法に基づく指導がなされる。指導に応じない場合は指導を受けるよう勧告がなされ，その勧告にも保護者が従わない場合で必要があるときは，一時保護や施設入所（原則として親の同意が必要だが，家庭裁判所の承認により親権制限をされることもある），さらには家庭裁判所への親権喪失の宣告請求がなされる（11条。ただし，ここまでいくのは稀なようである）。また，児童が一時保護や施設入所となっている場合にその保護のため必要があれば，保護者の当該児童との面会・通信が制限され，あるいは児童の居場所を知らせないことができる（12条）。裁判所の承認を受けて施設入

所となっている場合には，施設や通学路付近への徘徊接近を禁じることもできる（12条の4。違反すると17条により1年以下の懲役または100万円以下の罰金）。以上の措置を解除する場合には，厚生労働省の定める事項についてアセスメントを経なければならない（13条）。

6 児童・保護者への援助の枠組み

虐待を受けた児童に対しては支援のための施策に関する13条の2という規定があるが，児童および保護者に対する援助の具体的なプランニングは，ここまで見てきたように，児童福祉法に規定するものをベースに児童相談所が行うことになる（親権制限をする際に家裁が勧告をすることもある。児童福祉法28条6項）。防止法も，児童の安全確保や援助の入口などについては個別の規定をおいているものの，具体的な援助措置については主として児童福祉法の条文を引用する体裁で規定されている。したがって，防止法をみるだけでは，児童虐待への対応の全体像は実は見えてこない。児童虐待がある（あるいは疑われる）ケースに関わることを想定した場合，防止法の手続を知っておくことはもちろん重要なのだが，法的な手続をとらなければならない場面では弁護士との関わりが欠かせないし，具体的援助のプランニングという場面になれば，児童福祉法について知ること，児童相談所を筆頭に各専門機関等との綿密な連携をとることが肝要となってくる。日ごろの活動において，あるいは具体的なケースを契機として，やってきたクライアントの援助のためにそれら連携体制を整えていくことも専門家として必要な活動といえよう。

（正木 祐史）

■法学レクチャー 5■

性非行と少年法上の虞犯

単純に性非行といってもいくつかの類型がある。男子少年による強制わいせつや強姦ならば，刑法に規定のある犯罪類型であるから，この場合は少年法3条1項1号または2号によって，犯罪少年または触法少年（14歳未満で刑罰法令に触れる行為をした少年）として少年法の手続が予定されている（法学レクチャー9：少年事件の手続，139頁参照）。他方，女子少年（少年法の世界では「少年」は男女両方を指し，男子少年・女子少年と呼んで区別する）の性非行，例えば援助交際などについては，それを一般的に犯罪として処罰する法令はない。したがって援助交際などは犯罪ではないので，犯罪少

年や触法少年となることはない。しかしこの場合，少年法の対象にまったくならないかといえばそうではない。少年法3条1項3号の虞犯少年にあたるかが問題となる。

同号は次のように規定する。

「次に掲げる事由があつて，その性格又は環境に照して，将来，罪を犯し，又は刑罰法令に触れる行為をする虞のある少年

イ　保護者の正当な監督に服しない性癖のあること。

ロ　正当な理由がなく家庭に寄り附かないこと。

ハ　犯罪性のある人若しくは不道徳な人と交際し，又はいかがわしい場所に出入すること。

ニ　自己又は他人の徳性を害する行為をする性癖のあること」。

このイからニまでに掲げられた虞犯事由が具体的事実として存在したうえに，その性格・環境に照らして将来罪を犯すおそれがあるという虞犯性が認められなければならない。それが虞犯少年である。

虞犯は犯罪ではないため，警察の捜査の対象とはならない。警察の捜査は，犯罪があると思料するときに行われるものだからである（もちろん，警察活動の最中に虞犯少年を発見することはあり，その場合，警察はその虞犯少年を家庭裁判所に送致する）。少年法6条1項は，市民一般に対して，犯罪少年・触法少年・虞犯少年を発見した者は家裁に通告しなければならないとしている。他方で，同条2項は，虞犯少年について，直接家裁に通告などするよりも児童福祉法による措置にゆだねるのが適当であると認めるときは直接児童相談所に通告することができる，としている。児童福祉法の上では，25条により「要保護児童」についての通告として扱われる。

家裁に送致・通告されて虞犯少年と認められた少年は，その要保護性に応じて対応が決められる。要保護性がないとされれば不開始・不処分，要保護性があって家裁の資源によって解消すべきと認められれば保護処分（内容については法学レクチャー「少年法の手続」参照）などとなるほか，必要に応じて少年法18条によって児童福祉法上の措置に付されることもある。2007年の司法統計年報によれば，家庭裁判所の終局総人員6万人弱のうち，虞犯自体が700人と少なく，その中で援助交際などが含まれると思われる不純異性交遊という態様に分類されているのは23人，うち保護処分が18人となっている。理論上は援助交際など性非行は虞犯少年に該当するが，実態として少年法の手続に乗せられるケースはあまりないといってよい。これは，一つには，虞犯少年であることを認定しなければならないという裁判所としての手続の特性も関係しているが，むしろ援助交際などについては性非行として把握して裁判所の手続に乗せるのではなく，児童福祉等の文脈における援助のほうが適しているということも考えられる。

子どものニーズと手続の実態に照らした援助方針の策定が重要ということであろう。

(正木 祐史)

ケース 4

企業内カウンセラーのディレンマ

> 私は企業の健康管理室に週2日勤務する非常勤の心理カウンセラー。気分の落ち込みを主訴として来談したDさん（40代・男性・再来）は，カウンセラーの守秘義務を確認した上で，「ポリープの手術を受けた際の検査でHIVに感染していることを知らされた。一時パニック状態になったが，今では服薬しながらできるだけ仕事を続けたいと考えている。だが他の社員には絶対に知られたくない」と告白した。その後しばらくして，Dさんは重職への昇任が内定し，人事担当者から健康管理室にDさんの基本的な健康状態についての質問があった。健康管理室長は私に果たしてどのように対応すべきだろうか尋ねた。

キーワード 個人情報保護，利益相反，チームで共有する守秘すべき情報　センシティブ情報，適切なリファー

背景となる事実

1. Dさんは，感染原因を海外赴任中における性交渉と推測しており，現在は独身で特定のパートナーもいないため誰にも迷惑をかけないだろうと考えている。またDさんにとって会社は自分の唯一の居場所であり，仕事は生きがいだから辞めたくはないという。病院では専門カウンセラーへの相談を勧められたが，悩んだ末に以前から社内の人間関係のことで相談していたカウンセラー（私）のことを思い出した。できれば自分のことをよくわかっている人に話したいという一心で相談に来た。背景には，友人や家族のサポートを求めにくい状況があるようだ。

2. 現在，抗HIV療法によってHIV感染症の自然経過は著しく改善され，典型的な慢性疾患の一つになろうとしている。一般にHIV感染者の免疫状態が良好な時期には就労できない仕事はなく，免疫状態の

低下時には特に肉体労働・重労働ができない場合もあるが，それは個人のその時々の健康状態による。免疫状態は適切な治療を行うことによって改善するものであるから，一律に就労の適否を決められるものではないと考えられている。Dさんは抗HIV薬の服薬治療で，これまでどおりの生活を送り続けることができると説明されており，それが長期にわたることも知っている。「病気と仕事の折り合いをどうつけるか」「どのように生活していくか」が，現在の関心事であり，悩みとなっている。また感染の事実は保険組合から会社に漏れることはなく，万が一漏れたとしても感染を理由に解雇されることはないことも調べた上での来談であった。

3. 労働安全衛生法は，事業者に対して「職場における労働者の安全と健康を確保するようにしなければならない」（3条1項）と定めているため，人事部はDさんが業務遂行により健康を害さないようにとの配慮から，社員の健康情報を持つ健康管理室に問い合わせをしたと考えられる。なお，私は非常勤カウンセラーとして雇用され，この会社における事業場内スタッフとして見なされている。すなわち，企業側から指揮命令を受けている立場である。

4. 私はHIV感染者へのカウンセリング対応について専門的な訓練を受けておらず，Dさんから医学的判断と心理的サポートを同時に求められた場合の負担感が高まっていた。自分ができることは限られており，早晩，健康管理室の医療系スタッフ（産業医・看護職）の力を借りなければならないと感じている。

考えてみよう

Q1：Dさんのことを人事担当者に対してどのように説明すべきであろうか。またそれ以前に，健康管理室のスタッフにはどのように報告したら良いのだろうか。

Q2：心理相談記録は健康管理室の相談カードとともに保管され，管理室のスタッフに共有されている。他のスタッフが閲覧する機会がある場合，私はDさんのHIV感染についてどのように記録すべきだろうか。

Q3：今後Dさんとの心理相談において考えるべきこと，注意すべきことはどんなことだろうか。

解　説

1．組織倫理と職業倫理の葛藤——利益相反

　カウンセラーは通常，秘密性の高い個人的な事情に接しながら，同時にその個人を保護する立場で活動している。クライアントに対する忠実義務（自分の利益を犠牲にしてもクライアントの利益を守る）と守秘義務（クライアントの秘密を正当な理由なく第三者に漏らさない），そして説明義務（援助内容とその影響についてクライアントに十分な説明を行う）という法的・倫理的義務を果たすことで，クライアントの自己決定権を擁護している。本来，企業や組織の中で働くカウンセラーが常に独立した立場でクライアントと接することができれば，葛藤は生じない。しかし，現実には企業との雇用関係の中で活動せざるを得ないこともあり，職員として会社の業務命令に従うべき義務と，カウンセラーとしてクライアントに対して負う義務とが相互に矛盾し，常に葛藤をもたらす状況にあるといえる。このように，利害が対立する複数の役割を担う状態を利益相反（conflict of interest）とよぶ。日本産業カウンセラー協会では，企業・団体組織との関係を倫理綱領21条の3において，「産業カウンセラーがその職務上取り扱った相談内容について，事業者から安全配慮義務に基づき開示を要求された場合，開示資料の使用目的が健康管理上必要・不可欠のものかを吟味したうえで判断し，双方の利害対立を調整する」としている。産業領域で働く心理専門職（臨床心理士，産業カウンセラー，キャリアカウンセラーなど）は中立的でバランスのとれた活動を進めるよう努力する必要がある。すなわち，労働者の権利を守りながら，かつ組織や事業場の不利益につながらない活動を進めることが肝要とされる。

2．個人の健康情報の保護について——チームで共有する守秘すべき情報

　医療職等については，従来から刑法，保健師助産師看護師法，精神保健福祉士法などが，業務上知り得た秘密を漏洩してはならないことを罰則つきで義務づけているが（法学レクチャー1：刑事法上の秘密の保持，27頁参照），法的な定義のないカウンセラーなどの守秘義務はいずれの法令にも規定されていない。労働安全衛生法第104条は法定の健康診断に関する事務を取り扱う者に対する守秘義務を課しているが，労働安全衛生法が規

定する範囲以外の健康情報の内容や衛生管理者については守秘義務を課していない。また，カウンセラーが心理相談の場で取得した個人情報を同一事業場内で取り扱う場合は個人情報保護法の第三者提供には該当しない。

　本ケースのように，非常勤でもカウンセラーが事業場内の産業保健を推進するチームの一員として位置づけられている場合は，個人情報の取扱いに関して，他の健康管理室スタッフと同様に産業医や衛生管理者と連携することが求められる。Dさんの場合もいずれ身体面での相談を医療スタッフに持ち込むことが予想され，複数の産業保健スタッフが相談を受けることになると考えられる。したがって，相談記録についても同様に，複数に記載した健康情報に関する相談記録を共有することが重要であり，チームとしての判断をし，本人および事業者に対して助言や指導を行っていかなければならない。なお，相談場面で聴取したDさんの情報のうち，産業保健を推進する上で不要と考えられる情報であり，カウンセラーの職業倫理の観点から相談記録に記載することが望ましくないと判断される情報があれば記載するべきではない。ただし今回のように，医学的な判断が必要と考えられる個人情報や就業上の措置が必要と考えられる個人情報については，本人が承諾するか否かにかかわらず産業医に報告し，それらは適切な医療や就業上の措置を推進するために使用されなければならないと考えられる。

　職業倫理的には，個人守秘義務に留まらず，「チームで共有する守秘すべき情報」として事前にクライアントに説明しておくことが望ましい。その目的や本人への影響などを確認した上で，本人がそのことを十分に理解できるように説明し，必ず本人の同意を得るべきである。もし事前説明が不十分であった場合でも，クライアントの感染の事実を知った直後から，真摯に対応すべき課題である。

3．事業責任者への対応——センシティブ情報の取り扱い

　個人情報保護の観点から次に配慮されるべきは，健康管理室としての組織対応である。取得した健康情報を人事担当者や職場の上司に対して秘密にしておけばよいのではなく，事業者が適切な就業上の措置を実施することができるように健康情報を加工して通知しなければならないとされている（厚生労働省 2004）。身体・精神障害に関する情報，病気に関する情報，また心理面に関する情報，政治活動に関する情報など，一般には通常他人

に知られたくない情報はセンシティブ情報（機微にわたる情報）といわれている。センシティブ情報は，自己の努力では改善できないものだったり，他人の好悪感情に強く影響する可能性があるなど，第三者に知られた場合の影響力が大きい。企業でも就労の安全性の確保や，作業の配分，就労場所の選択などの判断に必要な情報として，身体や精神の障害等に関する情報提供を求めることは禁止されていないが，産業保健スタッフから関係者へ提供する情報の範囲は必要最小限とすることを求めている（厚生労働省 2004）。現時点において，センシティブであるがゆえに明文の法律によって特別な取り扱いを受けている診療情報は，特定の感染症と精神医療に関する情報に限られる。特に HIV 感染については従前から，病気に対する周囲の認識や理解が必ずしも十分でない現状を踏まえ，本人のプライバシーや人権を尊重する観点から，本人の希望や申し出がない限り，感染や障害についての情報が拡大することのないよう，情報を知り得る立場にある関係者の秘密の保持を徹底するなど，個人情報の管理についての一層の配慮が求められている（HIV 感染者に係る雇用問題に関する研究会 1998）。なお，センシティブ情報は，同時に名誉毀損情報である場合も多いため，特に法的守秘義務を負う職種については注意を要する。日本産業衛生学会では，従業員個人の健康管理情報を産業医等の産業保健スタッフ以外の者に閲覧させるときは，産業医がまずその個人健康情報の開示目的や本人への影響などを確認した上で，事前に従業員本人に十分な説明を行い，必ず本人の同意を得た後，必要最小限の範囲内で開示すべきであるとしている（産業保健専門職の倫理指針 2000）。また，本人が自ら勤務先に対して感染の事実を明らかにしないケースでは，企業として雇用管理上の配慮は困難となるが，「HIV についての社会的理解が必ずしも十分といえない現状では，本人の意思とプライバシーがまず尊重されるべきである。したがって，企業としては，本人の意思に反した情報収集・開示は行わないという前提のもとで，本人からの申し出や要望があった場合において，その症状や治療の状況に応じて職務内容や勤務条件の弾力化などの配慮を行うことが求められている」としているのである（HIV 感染者に係る雇用問題に関する研究会 1998）。

4．カウンセラーの責任——適切なリファー

新規のクライアントが来談したのであれば，おそらく私は HIV カウン

セラーに紹介したことだろう。しかし，Dさんは再来で，しかも自分を信頼し相談室に登場したクライアントである。そのため現時点でできる最善の援助を心がけることが肝要であろう。主訴が変われば，相談のゴールもまた変更され新たな契約が必要となる。今回のケースでは，あらためて私はカウンセラーとしての自己の専門性とその限界を開示し，クライアントであるDさんのこうむる利益や弊害について慎重かつ丁寧に説明する責任を果たすべきである。そして自己の力量や専門性を越える場合には迷わず，適切な資源を紹介するべきである。新しい資源の利用にかかる不安や，リファーにともなうDさんが感じるであろう見捨てられ感などについて十分に配慮しなければならない。　　　　　　　　　　　　　　　（江口　昌克）

コラム 12　　事業場外スタッフ（EAP サービス機関等）における守秘の問題

　企業等からメンタルヘルスの相談業務を委託されて企業等の外部から労働者にサービスを提供している医師，看護職，心理専門家，EAP（Employee Assistance Program）サービス機関等は，企業等とは別の個人情報取扱事業者である。すなわち，事業場外スタッフや EAP サービス機関は，個人情報保護法の第三者に該当することから，これらの機関が委託契約や共同利用の形態を取らず労働者の同意なしに個人情報を事業者に提供することは，個人情報保護法が禁じている。したがって，事業者がこれらの外部機関から情報を取得する場合は，本人の同意を得るか又は本人を経由して提供を受けることが望ましい（外部機関であれば本人または事業者側で同意が得られていることを確認）。そうでなければ，委託契約書において提供する個人情報の範囲や提供方法について記載すること又は事業者と共同で利用することについて事前に周知しておくことが求められる。

　ただし，労働者の生命や健康の保護のために必要がある場合，特別な職業上の必要性がある場合等で，本人の同意を得ることが困難な場合は，企業等に求められる必要な情報を提供すべきである。業務委託書において，生命や健康の保護のために緊急かつ重要な場合は企業等に情報を提供して連携して対処する場合があることを記しておくことが望ましい。衛生管理者は，このような事業場外スタッフや EAP サービス機関により取得された個人情報の取扱いについて，予め労働者に周知しておくべきである（中央労働災害防止協会 2006）　　　　　　　　　　　　　　　　　　　　　（江口　昌克）

コラム 13　米国におけるHIV陽性クライアントへの対応

　アメリカ・カウンセリング協会（American Counseling Association）倫理規定（ACA 2005）では，致死性の高い伝染病の患者と関わる場合の援助専門職の役割について次のように規定している。「クライアントが致死性の高い伝染病にかかっているとの情報を確認し，しかもそのクライアントとの関係から病気が伝染する危険性が高いと判断された他者がいる場合，カウンセラーは，クライアントの病気に関する情報をその他者に明らかにしても正当化される。カウンセラーはその情報を他者に明らかにする前に，クライアントが病気のことをその人にも話してはおらず，近い将来も話すつもりがないことを確認すべきである。」としている。警告することで第三者を保護する目的であるが，警告の責務までは規定されていない。最近の抗HIV療法によってHIV感染症の自然経過は著しく改善され，典型的な慢性疾患の一つになろうとしている現在では適用の判断に迷うところである。

（江口　昌克）

コラム 14　HIV感染者への心理社会的支援について

　①　カウンセリング

　HIV医療では拠点病院にもカウンセラーが置かれていない場合もあり，自治体がHIV専門のカウンセラーを雇い上げ，地域の拠点病院やその他，医療機関の求めに応じて派遣する制度がある。派遣カウンセラーとは心理社会的援助についての専門教育や，HIVについての研修を受けた専門家（臨床心理士，ソーシャル・ワーカーなど）で，自治体により派遣されるカウンセラーである。カウンセラーは感染者やその家族・パートナーなどへの精神的なサポートを行っている。自治体により派遣の形態は異なり，利用回数制限がある場合もあるが，カウンセリング料金は無料である。事業経費は国と都道府県の折半となっている。

　医療機関だけでなく，エイズ関連の支援活動を行っている民間ボランティア団体なども多くあり，電話相談や自助グループ活動も実施されている。こうしたサポートネットワークを確保しておくことが望ましい。

　②　障害認定と福祉サービス

　HIV感染症とその続発症による疾病及び障害についても，「免疫機能の低下」を事由とした身体障害認定が行われ，障害の程度に応じた障害基礎年金や障害厚生年金が支給されるほか，種々の障害者福祉サービスを受けること

が可能となっている。また，企業における障害者雇用率の算定対象に含まれてはいるものの，企業に採用された後に障害者となった者の把握・確認に当たってはプライバシーに配慮する必要がある。このため，「プライバシーに配慮した障害者の把握・確認ガイドライン」（平成17年11月4日厚生労働省職業安定局長通知）が公表された。事業者による障害者の把握・確認はこのガイドラインに沿って適正に行われる必要がある。　　　　（江口　昌克）

■薬学レクチャー 1■

「死の病」から慢性疾患へ——抗HIV薬の開発

エイズ（AIDS: Acquired Immune Deficiency Syndrome 後天性免疫不全症候群）は，発見当初は「死の病」として怖れられてきたが，効果的な新薬の開発によって，長くつき合っていく慢性疾患へと変わった。

HIV（Human Immunodeficiency Virus：ヒト免疫不全ウイルス）は，人の免疫機能の発動に必要なヘルパーT細胞（CD4陽性Tリンパ球）に侵入して増殖する。HIVの侵入を受けたT細胞は死滅してしまうために免疫機能が弱体化して，容易に病原体に感染するようになる。免疫力の低下によってエイズが発症するまでに，一般に5年から10年かかる。この期間は，感染後のHIV量によって左右されることがわかっている。HIVに感染しても，体内にあるウイルスの量が極めてわずかであれば，リンパ球の破壊が抑えられ，免疫力はほぼ正常に保たれて，長期間，未発病の状態を保てたり，発病しないまま一生過ごせるケースもある。したがって，抗HIV治療は，HIVの増殖を抑えていかにウイルス量を少なくするかという点にかかっている。

HIVには下記のような増殖プロセスがあり，そのいずれかをブロックすることで，増殖を抑えることができる。

HIVの増殖プロセス

① HIVがヒト（宿主）細胞へ侵入する
② HIVの遺伝情報がウイルスの逆転写酵素によってヒトの遺伝情報に変わる
③ その遺伝情報がHIVの別の酵素インテグラーゼにより，ヒト細胞核内の染色体に組み込まれ，新たなたんぱく質を産生する
④ ウイルスのタンパク分解酵素プロテアーゼが新たなタンパク質を分解して，ウイルスが増殖する

初期の薬は，HIVの増殖プロセスの一つを阻害する効果しかなかったため，同じ薬を飲んでいるとすぐに耐性ができ，薬を変えてもすぐに効果が失われ，結局，死亡に至るというパターンが続いてきた。ところが，別の増殖プロセスに作用する新しいタイプの治療薬が開発され，複数のタイプの薬を併用することで，長期にわたってHIVの増殖を抑制することが可能になった。1996年に開発されたカクテル（多剤併用）療法，HAART（Highly Active Anti-Retroviral Therapy）と呼ばれる療法が抗エイズ治療に革命をもたらした（稲場 2003）。

　現在，日本では，②に作用する10種類の逆転写酵素制御剤と，④に作用する6種類のプロテアーゼ阻害剤が発売されており，世界中では30種類ほどの薬剤が発売されている。また，複数の抗HIV薬を一剤に統合した薬剤（カクテル治療剤）もいくつか発売されている。

　これらの新薬を組み合わせた多剤併用療法によって，先進国ではエイズによる死亡が急激に減少し，不治の病から薬でコントロールできる慢性疾患へと変わった。こうした治療は，まだウイルスの量が少ない感染初期に開始すると，より効果的であると言われている。早期発見・早期治療開始が重要であり，パートナーへ感染の可能性を知らせる意義にも大きく関わることである。ただし，HIV抗体検査は，感染してから通常8週以内は陰性と判定されてしまうため，感染の機会から3ヵ月以降に受けるのがよい。

　慢性疾患になったとはいえ，HIVウイルスを体内から駆逐する根治療法はまだ発見されていない。抗HIV薬による治療は，薬の開発費と特許問題により，きわめて高額であり（多剤併用療法で年間百数十万円），感染者の多い途上国では使用することができず，そのために感染が拡大するという事態に陥り，問題は深刻化している。

（川村　和美）

（参考文献）稲場 2003

ケース 5

性犯罪被害者への支援

　私は高校のスクールカウンセラー（SCと略）として勤務している。あるとき面接室に，一年生のEさんが強張った表情で来室した。Eさんがただならぬ問題を抱えてやってきたと考え，事情を確認することよりも，信頼してもらえるように，よく来てくれたとねぎらい，秘密は守る旨を伝えた。すると，Eさんは泣き始め，ガクガクと震えが止まらない状態になった。

　Eさんの視線が定まらない様子であったので，Eさんが解離反応を示していると考え，Eさんが何らかの被害を受けたのかもしれないと推察した。しかし，私は犯罪被害者の急性反応を扱った経験がなく，自身の力量に負えるか不安を感じたが，可能な限りの心身のアセスメントと今後の見通しをEさんとともに持てることを目指しながら，Eさんを傷つけない関わりをしようと決意した。

　Eさんのことを心配であることと，役に立ちたいと思っていることなどをゆっくりと伝えていった。やや落ち着いたところでEさんが述べたところによると，昨夜部活を終えて自転車で帰宅途中，Eさんは見知らぬ男に自転車ごと押し倒され，近くの畑に引きずり込まれて乱暴されたという。Eさんが話してくれた勇気を私が受け止めたところ，Eさんは強姦被害を受けたことを話した。

　しかし，Eさんは親にも担任教諭にも被害を話しておらず，今も警察に通報することを躊躇していた。私が慎重に話を聞いたところ，警察に被害届を出した後にどのようなことがあるのかわからず，強い不安を抱いているとのことだった。

キーワード　性犯罪，犯罪被害者支援，心理教育，トラウマティック・ストレス反応，公判

背景となる事実

1．私はSCとして数年の経験があったが，犯罪被害にあった人への緊急

の支援は初めてであった。臨床心理士会主催の被害者支援研修会に参加したことはあるが，警察に届けた後のことについての知識はなかった。
2．臨床心理士会主催の被害者支援研修会で，被害者に対する心理教育の方法を私は学んでいた。
3．都道府県警察本部における被害者支援カウンセラーとして臨床心理士が配置されており，私の県にも警察本部に被害者支援カウンセラーがいることは知っていた。
4．Eさんの家族は両親と中学2年生の弟の4人家族である。

―― 考えてみよう ――

Q1：被害直後のEさんや家族に関わる上で私はどのような配慮をしたらよいだろうか。また，Eさんの担任教諭にどの時点でどのように被害事実を伝えればよいだろうか。

Q2：SC自身で解決できない問題がある場合には関係機関との速やかな連携が求められる。この事例ではどのような初期対応が考えられるだろうか。

Q3：被害者支援は心理臨床家の重要な任務となっているが，SCは刑事司法手続に関する知識をどの程度持っておくべきだろうか。

Q4：公判段階に至るまで，Eさんの心理的負担は大きいと思われるが，私がそれまでにできる援助にはどのようなものがあるだろうか。

解　説

1．心理的援助における二次被害の防止と情報提供

被害者は他者を信じられない状態になっていたり，感情や思考が麻痺していることも多く，家族も強く動揺して被害者を責めること（例えば，「なぜそんな道を通ってきたの」，「なぜ逃げられなかったの」など）があるので，被害直後の初期段階に関与する援助者は被害者や家族などを傷つけないよう最大限配慮しながら，心身および制度に関する情報をわかりやすく説明する必要がある。被害者等が動揺していると，理解がおぼつかな

いので，諸制度をわかりやすく解説したパンフレット等を渡すと，よりよいであろう。

　被害者が保護者や担任教諭に被害にあったことを話したくないと述べる場合，倫理的配慮として，被害者自身が納得し自ら決断できるように寄り添う心理的援助を行うことが非常に重要である。今後被害者を守り支えて行く上で保護者が重要な役割を果たさなければならないと考えられるので，「話したくない」という被害者の思いや外傷性ストレス反応を理解しながら，被害者が納得して保護者に話そうと決断する過程に丁寧に寄り添う援助をいかに進めるかに心をくだくべきである。

2．犯罪被害者が経験するトラウマティック・ストレス反応の理解とその説明

　犯罪被害者にとって第一に必要な援助は，心理教育とされている。これは，被害後のトラウマティック・ストレス反応が自然なこと（緊急事態における正常な反応）だと理解させることにより，被害者が自身に起きていることが無理もないことだと考え，回復の一歩を始めることが可能になるからである。

3．性犯罪被害における関係機関との初期対応

　強姦被害者に対しては，婦人科医院等において膣内容物の採取と洗浄，緊急避妊薬の処方を受ける必要がある。警察では被害届を出す被害者に対する経済的支援として，医療機関における初回の費用を支出しているところもある。なお，緊急避妊薬の効果があるのは発生から72時間以内とされているため，被害直後に支援に関わる者は，被害者の医療機関受診や警察への届け出などを早急に検討する必要がある。

　しかしながら，被害者は精神的ショックや羞恥心などから被害申告をためらいがちであり，被害者への支援の知識や経験の乏しいSCにとっても警察との対応は困難を感じるだろう。当該事例における初期対応の例としては，Eさんおよび両親の承諾を得た後，都道府県警察本部に配置されている被害者支援カウンセラーに電話等で被害届の提出や刑事司法の手続の流れを尋ね，その内容をEさんに伝えることで警察に届け出る意思を援助することも考えられる。母親など保護者に同行を勧めるなど，Eさんが警察に安心して相談できるよう配慮することが必要だろう。日頃より臨床心

理士会や各種研修会を通じ，他機関カウンセラーとの情報交換・ネットワークづくりなどを心がけたい。

4．性犯罪被害者が経験する刑事司法手続きの概要

犯罪被害を受けたら，110番通報などにより警察へ連絡することになる。強姦罪や強制わいせつ罪などの性犯罪の犯人を処罰するためには，さらに警察などに「告訴」の手続きを必要とする。未成年者の場合でも，告訴という行為の意味が理解できれば本人が告訴することができる。また法定代理人たる親権者も未成年者本人とは独立して告訴権を有している。

被害者は警察署などで事情聴取を受け，犯人の特定・捜査のために犯行状況や犯人の様子などを話すことが求められる。また，実況見分において犯行現場での状況説明を求められる場合もある。犯人と思われる者が警察署に呼ばれた際，マジックミラー越しに確認することが求められることもあるが，直接顔を合わすことはない。

被疑者逮捕から48時間以内に書類と身柄を警察から検察官に送り，検察官が被疑者を留置する必要があると判断した場合は，警察から受け取ってから24時間以内に裁判官に勾留を請求し，被疑者は最長20日間警察署などに勾留され，取調べを受けることになる。

検察官は被疑者を公判にかけるかどうかを決め，必要とする場合は裁判所に被疑者を起訴する（起訴の時点から，それまでの被疑者は被告人と呼ばれることになる）。被害者は検察官からも事情聴取を受ける場合もある。公判において被告人が犯行を否認する場合に，被害者は証人尋問を受ける場合もあるが，遮へいやカウンセラーの付き添い，別室でのモニターを通しての証言などの保護措置が講じられることもある。

SCは被害者が被害申告をした後に求められる事情聴取や，婦人科医による証拠物採取，公判等に関する知識を持っておけば，クライアントの不安を軽減できるであろう。また，仮に勤務校の男子生徒が性犯罪の加害者となった場合にも，上述の知識は役に立つので，被害者にも加害者にもなりうる児童生徒を支援対象とするSCは司法制度についての基本的な知識を持っておいた方がよいだろう。

5．公判における被害者への援助

逮捕・起訴され被告人が公判にかけられることになった場合，公判は憲

法82条で定められた公開の原則があり，誰でも傍聴することができる。被害者及びその関係者は傍聴の義務はなく，希望すれば検察官もしくは検察事務官より電話などで公判結果を教えてもらえる。しかし，被告人が犯行を全面否認もしくは一部否認（たとえば，合意の上だったなどと主張）する場合は，被害者が公判で証人尋問を受ける必要がある場合もある。

これら司法制度の詳細については，検察庁や裁判所などがパンフレット等を作成している。また被害者支援全般について，犯罪被害者等基本法制定を契機にさまざまな支援制度が整備されてきている。心理臨床家はこうした社会的資源を被害者に紹介し，それらを有効に活用しながら，被害者やその家族等をとくに心理面から支えていくという姿勢が重要であろう。この過程が，被害者等が被害体験によって力を奪われ圧倒された状態から，自分自身で考え決断し行動できるという認識へと変えることが可能になると考えられる。これが回復の重要な一歩といえる。　　　（藤代　富広）
（参考文献）金 2006，Stamm 1999

■法学レクチャー 6■

犯罪被害者等基本法とそれに基づく支援施策

1　犯罪被害者等基本法

2004年12月1日犯罪被害者等基本法（以下，基本法という）が制定され，2005年4月に施行された。基本法の制定により犯罪被害者等をめぐる法的問題をはじめ各種支援の内容は根本的に変わることになった。その最も重要な変化は次の2点である。

① 犯罪被害者等の権利

犯罪被害者等に対するすべての施策や支援が犯罪被害者等の法的権利に基づくものであることが法律上明定された。これまでも犯罪被害者等給付金支給法や，刑事訴訟法の一部改正，刑事手続における被害者保護法などの立法はあったが，犯罪被害者等の権利を正面から規定したものは皆無だった。本基本法において初めて，「すべて犯罪被害者等は，個人の尊厳が重んぜられ，その尊厳にふさわしい処遇を保障される権利を有する」（3条1項）として，権利性が明確にされた。

各種の犯罪による被害は，生命，身体，名誉，性的自由，財産などに対する人為的な攻撃によって，被害者はもとより家族にまで人間生活の破壊をもたらすものである。犯罪被害者等がその被害から回復しようとすることは，

憲法13条に保障された基本的人権の回復にほかならない。本基本法は，その基本的な権利を法律で明定した。犯罪被害者等への支援は同情や慈悲によるものではなく，犯罪被害者等の権利に基づくものであることが明確にされたのである。この精神に基づいて被害者の願いを標語にすれば，"私に慈悲ではなく権利を与えて欲しい。そうすれば私は自ら立ち直ってみせる"となる。この権利性の明確化によって，後述する基本計画の作成から実行・運用に至るまでのすべてがこの原則に従うこととなった。

② 制度化された総合的な支援へ

犯罪被害者等への支援がこれまでの個別的なものから，総合的で制度的なものに変わる。内閣府に内閣官房長官を会長とする犯罪被害者等施策推進会議が設置され，この会議のもとに犯罪被害者等基本計画が策定され，関係各省庁，地方自治体，民間支援組織，被害者組織など，すべてにわたる総合的で継続的な支援策が講ぜられることとなった。いままでのようにその都度必要に応じて個別に支援策を講ずるのではなく，司法，医療，福祉，雇用などあらゆる分野で総合的に施策を講じることが国の責務として定められた。

基本法は以下のような構成になっている。

第1に，基本法全体を貫く**基本原則**を，基本理念（3条）及び国の責務（4条）の中で定めている。基本理念では，上記の犯罪被害者等の権利を定めた3条1項に続いて，「犯罪被害者等のための施策は，被害の状況及び原因，犯罪被害者等が置かれている状況その他の事情に応じて適切に講ぜられるものとする」（3条2項）と定め，ケースの具体的な事情にふさわしい対応が謳われている。

さらに「犯罪被害者等のための施策は，犯罪被害者等が，被害を受けたときから再び平穏な生活を営むことができるようになるまでの間，必要な支援等を途切れることなく受けることができるよう，講ぜられるものとする」（3条3項）と定め，継続的な支援が強調されている。以上が本法の真髄ともいうべきものである。

第2に，国及び地方自治体に，犯罪被害者等のための施策を策定し実施する責務があることを明定し，施策の内容として，次の13項目を定めている。

相談及び情報の提供（11条），損害賠償請求の援助（12条），被害者等給付制度の充実（13条），保健医療サービス及び福祉サービスの提供（14条），安全の確保（15条），居住の安定（16条），雇用の安定（17条），刑事手続への参加の機会の拡充のための整備（18条），保護，捜査，公判等の過程での配慮等（19条），国民の理解の増進（20条），調査研究の推進等（21条），民間団体に対する援助（22条），意見の反映及び透明性（23条）。

第3に，上記の施策を，総合的かつ計画的に推進するために，具体的な施策等の細目を「**犯罪被害者等基本計**

画」のなかで定めるとしている（8条）。

　第4に，基本計画の作成やその他の重要事項の審議，施策の実施推進，実施状況の検証・評価・監視を行う機関として，内閣府に内閣官房長官を会長とする犯罪被害者等施策推進会議を設置するという体制をとっている。

　これらが基本法の構成である。

　基本法は，他でもない犯罪被害者たちが自ら被害者の権利の確立のために立ち上がって，粘り強い活動を展開した末に，制定に至った。総合的な支援の制度化という本法の精神を実現するために，各分野における具体化への一層の取り組みが期待される。

2　犯罪被害者等基本計画の概要

　基本計画の検討作業は2005年4月から開始され，のべ68団体にのぼる被害者団体等から千以上の意見・要望が集約され，それらが一つ一つ検討された上で，最終的に258項目の具体的施策にまとめられ，同年12月に閣議決定された。計画期間は閣議決定後から5年間である。

　基本計画は基本法の理念をふまえ，次の5つの重点課題を掲げている。

① 損害回復・経済的支援等への取組み
② 精神的・身体的被害の回復・防止への取組み
③ 刑事手続きへの関与拡充への取組み
④ 支援等のための体制整備への取組み
⑤ 国民の理解の増進と配慮・協力の確保への取組み

　これらの施策は非常に多岐にわたっているので，ここでは心理臨床家にとくに関わりの深いと思われるものを中心にとりあげる。

3　地方自治体の総合窓口

　犯罪被害はその性格からして，まず被害者と接触をもつのは警察であり，その後は司法関係者となることは避けられない。しかし，被害からの回復という視点から見ると，司法関係者との接触はごく短期間であり，むしろ医療，福祉等の対人援助の専門職と各機関が事件直後から長期にわたって支援を担当することになる。そこで，各機関が相互に円滑に連携できるために，その中心として，総合的な支援の窓口が自治体に設置されることになった。

　民間の支援組織は，これまでは相談活動や，司法関係で法廷などへの付添活動が主な仕事であった。これからは，その役割を広げて，これらの制度化された各種の支援施策を，犯罪被害者がその必要に応じて的確に利用できるよう，コーディネーターとしての役割（潤滑油のような）をも担うことになる。

4　法テラスの犯罪被害者支援業務

　司法関係の支援では，各地の弁護士会に犯罪被害者支援の委員会等が設置されており，研修を受けた支援に精通する弁護士が，刑事，民事の法的な支

援だけでなくマスコミ対策も含めた各種の支援活動を行っている。

国が設立した日本司法支援センター（法テラス）には，弁護士を依頼するための費用の援助をはじめ，犯罪被害者が利用しうる次のような制度がある。
 ①各種情報の提供
  刑事・民事など法的な制度に関する情報及び犯罪被害者支援を行っている機関や団体の紹介・取次
 ②犯罪被害者支援に精通した弁護士の紹介
 ③犯罪被害者等への法律援助事業
  マスコミ対策，検察審査会申立，犯罪被害者給付金申請など，損害賠償請求以外の手続などで弁護士を依頼する費用の援助
 ④加害者に損害賠償請求するための弁護士費用，裁判費用等を援助する民事法律扶助事業
 ⑤刑事裁判に被害者が参加したときの被害者参加国選弁護士制度

法テラスでのこれらの制度を上手に利用するには，まず最初に，支援に精通した弁護士を紹介してもらい，弁護士のアドバイスを受けながら，各制度を組み合わせて利用するのがよい。

その他の諸機関の連携について，被害者の視点から見たイメージは次頁の図のようになる。

5　心理臨床関連施策

心理臨床に関連する施策は基本計画の中で，主としてⅤ－第2「精神的・身体的被害の回復・防止への取組」の項と，第4「支援のための体制整備への取組」の項にそれぞれ定められていて，次のようなものが実施されている（平成20年版犯罪被害者白書参照）。

1）保健所及び精神保健福祉センターにおいて，犯罪被害者等に対する心のケアに関する相談窓口での対応

　保健所では，精神保健相談が，精神保健センターでは，専門知識を有する者による面接相談や電話相談が行われる。必要に応じ医師の診断を受ける。

2）犯罪被害者等に関する専門的知識・技能を有する臨床心理士の養成・研修（財団法人臨床心理士資格認定協会が担当）

3）少年被害者に対する学校におけるカウンセリング体制の充実等
 ①スクールカウンセラーや子どもと親の相談員の配置
  突発事件，災害発生時のスクールカウンセラー緊急支援体制の促進
 ②教員に対するカウンセリングに関する研修など（犯罪による被害だけでなく，いじめなどへの対応も含む）。

4）被害少年の精神的打撃軽減のための継続的支援の推進

　警察における被害少年に対する継続的支援に際して，臨床心理学，精神医学など高度な知識を有する専門家を「被害少年カウンセリングアドバイザー」とし

て委嘱する。
5) 児童相談所での児童福祉司，児童心理士等による相談活動
　　犯罪によって児童が被害を受けた場合や児童虐待による被害児童への支援を，他の分野の専門家や福祉機関等との連携のもとに行っている。
6) 精神科医師の犯罪被害者等への治療及び支援の一環として，心理的療法について，臨床心理士が携わる。
　　少年被害者や，性犯罪被害者などに対しては，臨床心理士による法廷への付添支援が行われる場合もある。
　　各省庁，自治体等の機関が行うこれらの支援活動の中で，専門家である臨床心理士が心理的ケアの場面で活躍することが期待されている。
7) これらの各機関における相談やケアの実施とは別に，民間の犯罪被害者支援組織における，臨床心理士等専門家の協力が行われている。とりわけ，NPO法人全国被害者支援ネットワーク傘下の各都道府県における民間犯罪被害者支

【基本計画：被害者から見たイメージ】　　　------は連携

[医療関係]
病院等　リハビリ施設
長期療養施設など

カウンセリング等の各種精神的心理的サポートのための機関，民間支援団体など

民間支援組織，自助組織などによる各種サポート

[地方自治体窓口]
福祉関係
住宅関係　など

[各種行政機関窓口]
年金など福祉関係
雇用関係，事業主

[矯正施設]
加害者の更生と安全の確保，加害者情報の提供

[警察関係]
加害者への刑事責任追及
真相解明　情報提供
手続上のサポート

犯罪被害者等
＊民間支援組織，自助組織による各種施策利用のコーディネート

[国の犯罪被害者補償制度]

[司法関係]
(検察庁)
　加害者への刑事責任追及
　真相解明　情報提供
　手続上のサポートなど

(裁判所)
　刑事責任の追及
　真相解明　情報提供
　刑事責任追及への参加
　損害回復，加害者との和解
　各種手続でのサポート

(弁護士)
　警察段階から裁判終了にわたる刑事手続での各種サポート，代理
　刑事責任追及への参加代理
　加害者への損害回復請求，訴訟外責任追及，和解など各種手続のサポート，代理，報道対策
　安全の確保など

(法テラス)
　精通した弁護士の紹介，法律扶助・援助，被害者国選など

援センターでは，相談活動，直接的支援活動，ボランティア養成講座などで，臨床心理士が協力している。これらの組織の中には，臨床心理士が理事として活躍しているところもある。

(参考文献)
・内閣府，平成17年度犯罪被害者等施策，2005
・同，平成19年版犯罪被害者白書，2007
・同，平成20年版犯罪被害者白書，2008
(以上は内閣府ホームページ「内閣府政策統括官（共生社会政策担当）のページ」→「犯罪被害者等支援」より入手可)
・内閣府犯罪被害者等施策推進室，犯罪被害者等支援に関する3つの検討会最終とりまとめ，2007
・NPO全国被害者支援ネットワーク（編），犯罪被害者支援必携，東京法令出版，2008
・同，直接支援員初級マニュアル，2008

(白井 孝一)

コラム 15　希死念慮を持つクライアントへの対応

　自殺を企図する人の9割は自殺する前に（直接・間接を問わず）徴候を残すといわれる。すなわち，自殺の徴候が伝えられたら，それを真剣に受け止め，インターベンション（危機介入）を行う必要がある。自殺のリスクファクターには，①うつ病・うつ状態やほかの精神疾患，②困難な問題（職場，家庭，個人の問題など）への直面，③自殺企図，自殺未遂の既往歴，④周囲（職場，家庭，友人など）からの孤立等が指摘されており，長期的なアセスメントの参考になるだろう。では，死にたい気持ちを打ち明けられた臨床家は，果たしてどのように対応すべきだろうか。

　希死念慮がまだ漠然としている場合は，心理臨床家にその気持ちを伝えるだけで混乱が治まることもある。しかし，サポートレスな状況に置かれた希死念慮の高いクライアントは無力感，絶望感，失望感に支配されている。WHOによる自殺予防の手引き（高橋，2002）では，自殺の危険の高い人の感情や思考の特徴を3点あげ，予防的介入の可能性を示している。

　① 両価性（生きたいという願望と死にたいという願望の間を激しく揺れ動く）→生の願望を強めることができれば，自殺の危険は和らいでいく。
　② 衝動性（他の衝動と同様に自殺衝動も一時的なものである）→適切なサポートが与えられれば，自殺願望は軽減するだろう。
　③ 頑固さ（自殺の危険が高まると，思考・感情・行為が非常に幅の狭いものになっていき，二者択一的な思考法に陥っていく）→他の可能な選

ケース5：性犯罪被害者への支援　　117

　　択肢を探っていき，たとえそれが理想的なものでないにしても，他にも
　　解決策があることを優しく示す必要がある。
　また，カナダの自殺予防グループがまとめた対応原則「TALKの原則」
を高橋（2007）が紹介しているので関わりの参考にされたい。
　① Tell：「あなたのことを心配している」と伝える
　② Ask：はっきりと「自殺することまで考えているか」と聞く
　③ Listen：徹底的な聞き役にまわる
　④ Keep safe：安全を確保する

　クライアントは死にたいという気持ちを，たまたま打ち明けたのではなく，意識的・無意識的に特別な対象として相手を選んでいる。そのことを自覚した上で真剣にクライアントに向かい合って話を聴くことが大切である。真剣に関わろうという態度であれば，「死にたいと考えているか」と率直に質問しても危険ではなく，むしろ予防の第一歩につながると考えられる。「死にたい気持ち」をはぐらかさず，共感的に受け止め，静かに穏やかに，いかなる状況をも真剣にとらえ，批判や叱責をしないことが大切である。また，クライアントはそもそも心理社会的な問題を抱え相談場面に登場している。悩みの具体的な内容を聴き，自殺以外の選択肢をクライアントとともに考え，対処能力の向上を目指したアプローチができればなおよい。そして次回の面接の予約，自殺をしない約束をし，継続的な支援を試みることが必要とされる。
　なお，極めて自殺の危険の高い急性期の状態では，何よりもクライアントの安全をまず確保し，支持的なアプローチを行うことが重要であり，内省を強いるアプローチはかえって危険な場合もある。心理臨床家は，自身の援助の限界も視野に入れ，現時点で考えられるキーパーソンや精神科医療につなぐことを優先する判断力が求められる。

表　自殺の危険度別対処方法（WHOによる自殺予防の手引きより抜粋）。

危険度（低）：具体的な計画がない。
・心理的にサポートする。
・絶望的な感情に働きかけ，喪失感，孤独感，無価値感について率直に話す。
・自殺以外の他の方法で問題を解決できるかという点を本人が語るように助力する。
・精神保健の専門家や医師に紹介する。
・定期的に会い，接触を保つ。

危険度（中）：計画を立てているが，直ちに自殺するつもりはない。

- 絶望的な感情に働きかけ，本人の本来持っている力に焦点を当てる。
- 死に対する複雑な感情に焦点を当てる。自殺の危険の高い人が感じている両価的な感情に目を向けて，徐々に生の願望を強めていくようにする。
- 自殺以外の他の方法を探る。それが理想的な解決策でなかったとしても，患者が少なくともそのうちのひとつを試みるように，自殺以外の方法を探る。
- 接触を保つ。
- 自殺しないという約束を本人から取り付ける。
- 精神科医，カウンセラー，医師に紹介し，できる限り早い段階で予約を取る。

危険度（高）：はっきりとした計画があり，方法も手にしていて，直ちに自殺する危険がある。
- その人と一緒にいる。けっして一人にしない。
- 穏やかに話しかけ，薬，ナイフ，銃，殺虫剤などを取り除く。
- 自殺しないという約束をしてもらう。
- 精神保健の専門家や医師に直ちに連絡し，救急車を呼び，入院の手配をする。
- 家族に連絡し，協力を得る。

（参考文献）自殺予防総合対策センター 2008，高橋 2002，2006，2007

（江口　昌克）

ケース 6

そう状態でクライアントが逮捕される

　Fさんは会社員であるが，子供の進学等の問題が起きてきた最近になって，会社の人事異動で管理職につくことになり，多数の部下を束ねることが必要になった。それまでは営業マンとして働いてきたFさんは，今度は多数の部下の人事管理をもしなくてはならなくなった。こうしたストレスに直面した結果，Fさんはうつ状態となって精神科にかかることとなり，主治医の判断によって単に投薬のみではなく，悩み等を聞く必要があるとの判断からカウンセリングも併用することとなり，主治医の知り合いである私（開業心理臨床家）のもとに紹介された。

　その後Fさんの治療は順調に進み，うつ状態は徐々に回復したが，治療開始から半年ぐらいして，今度は調子の高い状態になってきた。私はそのことに気づき，主治医に報告した。主治医もそう状態となったことを確認し，抗そう剤を使用するようになったが，それでも多弁，活動過多の傾向は続いていた。その状態でFさんは，購入品のことで取引相手方とトラブルとなり，自ら交渉に当たったものの，うまくいかず，相手方とけんかになってしまい，相手を殴ったために警察に逮捕された。その後，妻にも警察から連絡が入ったが，Fさん本人の供述により通院の事実とカウンセリングを受けていた事実が明らかとなり，主治医の病院のみならず私にも警察から病状等についての問い合わせが入った。

キーワード　犯罪行為，警察からの問い合わせに対する対応
医師への連絡の義務

背景となる事実

1. 私は開業の心理臨床家であり，医師とは以前からの知り合いで，お互いに交流があり，ケースを紹介しあうような関係であった。以前からも連携した面接を行ってきていた。

2．Fさんのそう状態を発見したのは私のほうが先であり，カウンセリングにおいては無関係な話を延々とし，また私生活でもかなり金を浪費しているということから「そう」転ではないかとカウンセラーが疑い，主治医に連絡した。そう状態は主治医によっても確認され，一時，主治医が入院を考慮するほどにまでいたったが，抗そう剤の効果でなんとか軽そう状態にまでおさまってきた。事件が起こった時点ではやや多弁，過活動ではあるものの，社会的に逸脱した行動や過剰な浪費傾向はなく，会社でも軽減業務ではあったが，勤務可能であった。
3．カウンセリングは主治医による依頼をうけて行われ，病状に関して情報が共有されるばかりではなく，主治医と私とが必要と考える場合は，相互に連絡を取り合うことがありうることもFさんの了解を得ていた。
4．Fさんが今回のトラブルに際して相手方へ交渉に行くことについて，私はFさんからカウンセリングの中で聞いてはいたが，主治医には報告していなかった。それは普段のFさんが穏やかな人物であり，現在は軽そう状態にあっても多弁な程度で，暴力的傾向は見られず，今回の件についても円満解決を望んでいるとFさんが表明していたからであった。Fさんは主治医に対して今回の件については，単に「出張に行く」としか説明していなかった。
5．しかしFさんは相手と会って口論となり，売り言葉に買い言葉の状態から殴り合いとなって，警察に通報され逮捕された。相手方はFさんを暴行罪で告訴すると言い出した。このため警察は病状と今回の行動とに関係があるか否かを明確にしたいと考えたようである。Fさんが勾留に耐えられるかを判断するための「簡易鑑定」がなされて，服薬しながらの勾留という形となった。

考えてみよう

Q1：この場合，私はどこまでFさんの状態や，面接内容，家族関係について警察の問い合わせに答える義務があるか？

Q2：Fさんの状態変化について医師に報告したが，今回Fさんがトラブルの相手方に出向くことについて医師には伝えていなかった。この点で私にはFさんの今回の行動に対する責任はあると言えるだろうか？

Q3：私にはFさんに対してどんな援助ができるだろうか？

解　説

1．守秘義務と情報提供

　ここで問われていることはまず面接者としての守秘義務の問題である。心理臨床家の場合，秘密保持の原則は日本臨床心理士認定協会の倫理綱領において「強い信頼関係に基づく秘密保持の原則」として明示されている。ただしこの原則は，医師の守秘義務のような法的な裏づけを持っていない。つまり守秘が義務付けられるとともに守秘することが法的に保護されるものではなく，むしろ倫理綱領として掲げられる意思的な行為であることに留意する必要がある。実際，同倫理綱領3条で「臨床業務上知りえた事項に関しては，専門家としての判断のもとに必要と認めた以外の内容を他に漏らしてはならない」とされているから，必要と認めない限りどのような項目も明かす必要はないとも言える。しかし実際にはそうした行動は警察の悪印象を呼び，場合によってクライアントの不利な扱いに結びつく可能性があることに注意を払う必要がある。どういう場合に守秘が必要と判断されるかについては，この倫理綱領には具体的に明記されていない。したがって個々の臨床家は個別のケースで判断を迫られることとなる。このケースについてはクライアント本人が逮捕後に，通院の事実とカウンセリングを受けていたことを供述しているのであるから，それについての事実を認めることには倫理上の問題はないであろう。しかし先の倫理綱領は，秘密の保持がカウンセリングにおける両当事者間の関係構築のために重要であることを意味するのであるから，クライアントの病状や投薬については主治医に判断を仰ぐこととしても，相談内容の開示についてはかなり慎重を要するものと考えるべきであり，できる限り情報の開示は行わない方向を追求するのが望ましい態度と言える。一方これに対して，刑事訴訟法の規定によって警察には捜査上必要な資料を集めることができるという権限が与えられている。この両者のどちらが優先されるかということについての判断は現在のところ定説がないのが実情である。

　次にFさんの状態についての判断と，それについての情報提供の問題がある。これはFさんの病状が責任を問えるほどのものであるかどうかという判断にもかかわってくる。病状の判断と病気と犯罪行為との関連については，正規には裁判における司法鑑定の手続きを待って，医学的判断がな

されることになるが，送検された段階ですでに病気であることが明らかで，しかも病気により本人の刑事責任を問えない（責任無能力）と検察官が判断した場合は，不起訴処分となるし，責任のすべてを問えない（つまり限定責任能力）と判断した場合にも，起訴されないことがある。この場合，精神保健福祉法による検察官通報の事項を利用して，措置入院にしたり，医療保護入院の措置をとったり，心身喪失者医療観察法に基づく申立をすることになる。しかし，心理臨床家としてはこうした医学的判断は本来の責務ではないので，このケースのような場合，病状，責任能力等についての判断は主治医にゆだねて，警察の問い合わせには必要最小限の回答にとどめるべきであろう。

2．医師との情報共有

第二に，Fさんの状態についての医療側と心理臨床家との間の情報共有の問題がある。これについては，このケースでは事前に基本的なところはクライアントに契約の時点で告げられていたので問題は少ない。これがクライアントの承認を得ていないとなると，そのことで場合によっては民法上の責任が生じかねない。情報をどこまで共有するかについては，あらゆる情報を主治医と共有するという考えは現実的ではないし，先にあげた「強い信頼関係に基づく秘密保持の原則」を破ることにもつながりかねない。主治医と心理臨床家との間に信頼関係があれば，必ずしもあらゆる情報（詳細な情報）を共有する必要はないし，それはまた心理臨床家に対するクライアントの信頼感を損なうために，かえって反治療的ということにもなるであろう。このケースにおいてはトラブルの相手方に会いに行くということを心理臨床家は承知していたが，主治医は不承知であった。結果的にはこの心理臨床家の情報の独占は失敗に終わっているが，これをもって心理臨床家の独断的行為としてその責任を問うことは困難であろう。結果的に見ると医療側の判断は甘かったといわざるを得ないが，それは主治医の側により責任が大きく，心理臨床家のこの情報の独占が主治医の正確な判断を妨げたとまで言うことは困難である。

3．予見可能性

このケースでは，大きな問題として予見可能性の問題がある。つまりFさんの行動について危険性を予測し何らかの防止のための手段をとる必要

ケース6：そう状態でクライアントが逮捕される 123

があったのではないのかということである。この場合はＦさんの暴力行為について予測可能であったかが焦点となるであろう。もしもＦさんが相手と交渉に行くことで相手に対して他害行為に出ることが予見されるとすれば、その事実を知ったときに心理臨床家はそれを制止する責任があるという主張がありうるからである。

　タラソフ事件の判決（1976年）（下記コラム16参照）においてカリフォルニア州最高裁は、「自分の患者が、他者に対する暴力の点で深刻な危険を呈しているとセラピストが判断した場合、あるいはその専門職の判断基準に従ってそのように判断すべきである場合は、セラピストは、〔暴力の〕犠牲にしようと意図されているものをそのような危険から保護するよう、適切なケアをする義務を負う」と判示した（金沢 2006）。その後アメリカ国内では、タラソフ事件のような被害者の殺害にまで至る深刻な事件に対して、セラピストに責任を負わせるべきであるという意見と、そこまでする必要はないという意見とが対立して、結論は得られていないのが現状である。

　本ケースでは、Ｆさんの犯罪行為の内容と程度は軽微であり、タラソフ事件の判決をそのまま適用することはできない。またＦさん自身はそう状態も落ち着いてきており、したがって事件の可能性を予見することは心理臨床家にも医師にも困難であったと考えてよいであろう。したがって、警察や家族や医師へのこれ以上の通報・通告は無用であったといえる。ただし心理臨床家の職業倫理として、一般的にクライアントが自傷や他害行為に出る可能性がある場合には、それを制止し必要な処置をとることが求められることは言うまでもない。

（磯田　雄二郎）

コラム 16　　　　　　　　　　　　　　　　　　**タラソフ判決の原則**

　これは1969年にアメリカ合衆国で起こった殺人事件である。タラソフという女性が恋愛妄想の対象とされ、ポダーという男性に殺害された。加害者はカルフォルニア大学バークレー校の記念病院で、精神科医と心理学者から治療を受けていた。彼は面接のなかで、自分をふったタラソフを殺したいと話した。心理学者は危機感を感じて、このことを学内警察に連絡。学内警察はポダーを事情聴取したが、危険がないと判断して、彼を解放した。しかし、その後タラソフ嬢はポダーによって殺害された。彼女の両親は、娘に危険を

警告しなかったとして，カルフォルニア大学理事会と職員に対して，損害賠償請求の民事訴訟を起こした。カルフォルニア州最高裁判所は1976年，両親の訴えを認める判決を下した。

この判決で判事は，加害者の殺意の表明に対して治療者側が適切に対処しなかったことに対して，前頁の本文のように判示した。しかしこれは殺人のような深刻な差し迫った危機の問題で，喧嘩を起こしてしまうかも知れないなどという内容ではないことに留意する必要がある。 （磯田 雄二郎）

コラム 17　　犯罪の予測可能性について

犯罪予測の問題は犯罪心理学等の分野において長年にわたって探求されてきた重要な課題である。中田（1972）は，累犯者の行動特性や初犯年齢，再犯率をもとに犯罪生活曲線を描いて，累犯者の再犯が予測可能であることを示そうとしたが，これはすべての犯罪者を対象とするものではなく，犯罪を重ねる累犯事例についてのみの議論であり，一般的な犯罪（大部分は初犯のみとなる）には当てはまらない。ましてや犯罪を犯していない人間の犯罪を予測することは基本的に不可能といわざるを得ない。 （磯田 雄二郎）

■法学レクチャー 7■

秘密保持についての民事責任について

1　心理臨床家とクライアントをとりまく法律関係

(1) **医師と心理臨床家との間の法律関係**

本ケースでは，医師がFさんに心理臨床家を紹介し，また医師と心理臨床家との間でFさんの治療状況について情報交換が行われている。この場合には，医師はFさんが通院している病院に雇用されており，したがって，医師と病院との間には「雇用契約」が締結されているが（民法623条以下を参照），独立で開業している心理臨床家と医師（または病院）との間には，法律上の契約関係は直接には存在しない。もっとも，本ケースでは，医師と心理臨床家との間では，Fさんの了解（同意）を得たうえで連携をとることは合意されているので，この点をどのように捉えるかが問題となる。仮に，医師（または病院）が心理臨床家にカウン

セリング業務を委託し，常に報告をすることが心理臨床家に義務づけられているのであれば，一種の事務の委託があったとして「準委任契約」が成立しているとみることも可能ではある（民法656条を参照）。しかし，本事例では，医師は単に心理臨床家にFさんを紹介し，両者の信頼関係に基づいて情報交換をしていたにとどまるものであるため，医師と心理臨床家の間に法的な意味で双方を拘束する契約関係が発生するとは言えず，その契約に基づく権利義務関係が発生する（例えば，受任者である心理臨床家が委任者に対する医師に対してFさんのカウンセリングに関する報告義務を負う〔民法645条参照〕）とまではいえないであろう。なお，本ケースでは，心理臨床家は，Fさんが取引の相手方に行くことを知りながらそれを医師に伝えていないが，この場合，心理臨床家と医師との間には準委任契約が存在しない限り，医師にそのようなことを報告する義務は存在しないと言える。

(2) **医師・心理臨床家とクライアントとの間の法律関係について**

医師と患者の間には，「診療契約」が成立することになる。この診療契約は，(1)で述べた「準委任契約」と考えるのが一般的である。

それでは，心理臨床家とクライアントの間には，どのような法的関係が生じるのであろうか。心理臨床家が面接により知りえた相談者の私的事柄等を無断で自らが執筆した書籍に記述したことが心理臨床家の守秘義務違反にあたると判断された裁判例では，心理臨床家とクライアントの間では，「医師と患者との間の治療契約に類似した，いわば心理治療契約ともいうべき契約が締結されたものと認められる」と判示されている（東京地方裁判所平成7年6月22日判決・判例時報1550号40頁／法学レクチャー11：事例を公表することによる守秘義務違反と，その民事責任，176頁参照）。この判決におけるカウンセラーは臨床心理士の資格を有していない者であったが，臨床心理士の資格を有している心理臨床家がカウンセリングを行う場合はなおのこと，クライアントとの間に―「心理治療契約」という名称を用いるかどうかはともかく一種の「準委任契約」が成立していると考えられる。その場合，心理臨床家は，クライアントに対して「善管注意義務」をもってカウンセリングにあたる必要がある。「善管注意義務」とは，善良なる管理者の注意をもって業務を遂行しなければならない義務をいう（民法644条を参照）。本ケースの場合は，心理臨床家という職業・地位において一般に要求される水準の注意をもって業務を遂行する義務を意味する。

2　心理臨床家の守秘義務について

現在のところ，心理臨床家に守秘義務を課し，それに違反した場合に刑事罰を科すと定めた法律は存在しない。

したがって，かりにみずからの職務の上で知りえたクライアントに関する情報をみだりに伝えたとしても，刑事責任を問われることはない。しかし，刑事責任は問われないとしても，そのような情報の伝達によりクライアントに精神的損害を含むなんらかの損害が生じたような場合には，クライアントに対する民事責任（具体的には損害賠償責任）を問われる可能性はある。

民事法上，心理臨床家は，1(2)で述べた準委任契約上の「善管注意義務」の一つとして，クライアントに関する情報についてみだりに他人に伝えないようにする義務（＝守秘義務）を負うものと考えられる。そして，このような守秘義務違反があった場合，善管注意義務という準委任契約上の債務を履行しなかったものとして，心理臨床家に債務不履行に基づく損害賠償責任が生じる可能性がある（民法415条を参照）。また，そのような場合，専門家である心理臨床家には，高度の注意義務に違反する過失があるとして，不法行為に基づく損害賠償責任が生じる可能性もある（民法709条を参照）。したがって，クライアントに関するカウンセリングの情報を第三者にみだりに伝えることは，民事法上の責任が問われる可能性のある行為といえよう。

もっとも，本ケースでは，医師と心理臨床家がFさんに病状等に関して相互に連絡を取り合うことにつきFさんは了解（＝承諾）していたのであるから，そのような相互の連絡においては心理臨床家には守秘義務が課されていない（つまり，心理臨床家は，医師への連絡については，守秘義務違反を理由とする債務不履行責任を負わない）と考えることができよう。また，不法行為責任については，本来被害者であるはずのFさんの承諾（「被害者の承諾」）があり違法性が阻却されるとして，やはりそれには問われないということになろう。

ところで，本ケースでは，クライアントが犯罪行為をした場合に，警察の問い合わせに応じてFさんの病状等に関する情報を提供することが可能か否かも問題となっている。捜査への協力など一種の公益を目的とする情報提供については，心理臨床家はそこまでの守秘義務は負わない，あるいは心理臨床家の行為には過失がないという理由で，民事上の責任が問われない可能性も高いであろう。ただ，この点の判断については，具体的な状況によって左右されるので，情報提供の是非については慎重な検討を要する。

（宮下　修一）

■法学レクチャー 8■

犯罪の通報・捜査協力

　刑事訴訟法189条2項は，「司法警察職員は，犯罪があると思料するときは，犯人及び証拠を捜査するものとする」として，犯罪を認知したときの捜査義務を規定する。そして，同法197条2項は「捜査については，公務所又は公私の団体に照会して必要な事項の報告を求めることができる」と規定していて，報告を求められた公務所・団体は報告義務を負っており（違反しても刑罰対象ではない），これに基づいて他人の秘密を開示しても，秘密保持の義務が解除されて秘密漏示の罪には問われないというのが一般的な理解である。

　また，刑訴法239条2項には「官吏又は公吏は，その職務を行うことにより犯罪があると思料するときは，告発をしなければならない」と規定されていて，官吏・公吏（公務員のことである）は，職務上犯罪があると考えたときは，当該犯罪の重大性，犯罪があると「思料する」相当性，行政目的への影響等を総合的に考慮して告発するか否かを検討し，告発する場合には，国公法・地公法上の守秘義務は解除されるというのが一般的理解である。

　これらの規定を前提とすると，「公務所又は公私の団体」や「官吏又は公吏」であれば，197条2項や239条2項に規定する義務が課されるので，抽象的には，これらの義務のある者が殊更にそれをしない場合には，犯人隠避罪（刑法103条）に問われる余地がある。反対に，単なる一個人に対しては，照会があっても報告義務はないし，犯罪について告発をする義務はないとされている。また，一般的に，個人に対しては，犯罪があると考えた場合でも法的な通報義務はないし，捜査が行われている場合にもそれに協力する法的義務はないと考えられる（その意味では，道を歩いていて犯罪を目撃した場合に通報しなかったり，捜査として目撃者を探しているときに名乗り出なくても罪に問われることはないのと同列なのである）。ただし，積極的に虚偽の事実を告げたりすると，別途，犯人隠避罪が成立する可能性がある。

　逆に，秘密漏示の罪の対象となっている者が，本人の承諾なしに通報したり捜査に協力したりした場合にはどうなるだろうか。この場合，おそらく直ちに秘密漏示罪に問われるわけではないだろうが，上述した違法阻却事由の有無に関する一般理論に依拠することになるため，比較衡量の結果どうなるかが決まるということになる。つまり，秘密漏示の罪に問われないと必ず言えるわけでもないことに注意しなければならない。

　　　　　　　　　　（正木 祐史）

ケース 7

覚せい剤の使用が疑われる場合

> 私は○○高校でスクールカウンセラー（SCと略）を勤めている。2年のG子さん（16歳）が学校へ行けないということでカウンセリングを受けていた。カウンセリングの過程は順調に進んでおり，G子さんは私に何でも打ち明けられる状態にある。セッションの中で聞く限りの情報では，G子さんの交友関係はあまり望ましいものではなく，「不良グループ」に関わっているらしいことは以前から気づいていた。しかし，それについては，G子さんにとってはマイナスの関係であることを指摘したものの，直接的にそれを禁止することまではしていなかった。ところがある日のセッションにおいて，G子さんは「先生，実は話してないことがあるんだけど…」とためらいながら，街で「不良グループ」から"頭がすっきりして気持ちが楽になるから"と勧められて薬を買ったことを告白した。その薬を飲むと興奮して夜も眠れなくなるという。その効果の点からも，薬の形状からも，覚せい剤かと疑われた。G子さん自身もそうではないかと思うという。しかしG子さんはこの話をした後で「このことは先生だけの秘密にして，誰にも言わないでほしい」といって帰っていった。

キーワード 覚せい剤の使用，違法ドラッグ，信頼関係

背景となる事実

1. G子さんの家族はばらばらで，父親は単身赴任を長期にわたって繰り返しており，母親は水商売をしながら家を出て行ったきり何か月も戻ってこないことがしばしばある状態だった。ただし当初は本人の世話を焼いてくれる祖母もおり，またお金をきちんと両親が祖母に渡していたため，小さいころからは食事面での世話は何とかされていたようである。しかしここ数年は，祖母は認知症のために施設に入りっぱなしとなっており，世話をする人物がいないため，G子さんは母親から

もらうお金で勝手に飲み食いをしていたようである。このように彼女の家庭は崩壊状態で，誰も彼女に対するケアをしようとはしていなかった。

　G子さん自身は知的水準は境界領域であり，学業の成績も不良で，学校は特に楽しいとは思えなかったようである。小さいころから人見知りも強く，そのために人とうまくしゃべれないことから，クラスでもいじめのターゲットとなっていたようだ。クラス担任からも馬鹿にされ，いじめられていたようである。SCのもとを訪れたときには，自分を庇護してくれる場所を求めてきたという目的があったように推測される。

2．SCは，都道府県においては教育委員会によって雇用され，各学校に派遣される。したがって，カウンセリングのケースについて教育委員会への報告が求められることが多い。特に，事故や事件が発生して，それに関連する事情について事前報告がなかった場合は，その点を厳しく責められることも多い。したがって現場では，報告を求められる圧力と，クライアントとの信頼関係を重視する姿勢との間でジレンマに悩むことが多い。

考えてみよう

Q1：私（SC）は，G子さんに覚せい剤使用の疑いがあるという事実を警察に通報する義務があるだろうか？　もし通報しなければ，共犯として処罰される可能性はあるだろうか？

Q2："誰にも言わないで"というG子さんの希望を私はかなえてやるべきであろうか？　それともきちんと家族に報告すべきだろうか。報告する場合は，家族とSCとしての私との関係が問題になる。私が

1）家族と以前から関係のある場合，
2）家族とまったく関係がなかった場合

の2つの条件で考えてみよう。

　　あるいは教育委員会には報告すべきであろうか？

Q3：「覚せい剤疑惑」について私はG子さんに何をどう伝えるべきであろうか？　そもそもG子さんはこの話を何のためにしたのだろうか？　これをこのまま放置しておいても問題はないだろ

うか？

解　説

　このケースは，犯罪と思われる行為をクライアントが告白したときに，SCはどう対処すべきかという問題である。このような告白を聞いたら，第一に，法律上の問題が気になるであろう。そこで，初めに覚せい剤取締法等の関連法規との関係を考察し，次にクライアントの家族や，学校ならびに教育委員会との関係において必要な倫理的・法的配慮について考えてみる。

1．覚せい剤所持の通報

　覚せい剤は心身に極めて有害であり，社会にも甚大な影響を与えるため（薬学レクチャー2：ドラッグについて，135頁参照），法律によって厳しく規制されている。覚せい剤取締法（1951年公布）は非常に厳しい法律で，覚せい剤を使用したり，あるいは所持していただけでも，最高刑は懲役10年である（覚せい剤の所持または使用で逮捕された初犯者は，懲役1年6か月から2年，執行猶予3年程度，再犯者には執行猶予なしの実刑になることが多いとされる）。覚せい剤の使用などについて事情を知りながら，その資金を提供したり，覚せい剤を運搬した者も，5年以下の懲役とされる（同法第41条の9）。このケースで，もしもSCがG子さんに資金提供等をして覚せい剤購入および使用に便宜を図ったりすれば，刑事責任は免れない。しかしSCは積極的にG子さんの覚せい剤使用を援助したわけではないので，警察に非協力的であることで，ことさらに刑事責任を問われることはない。

　さらに，この場合，覚せい剤かどうかについてSCには確信がもてず，確認する手段もない。本人が嘘をついている可能性も否定できないから，あやふやな情報をもとに警察に「覚せい剤所持」を通報できないのは当然である。まして，本人（クライアント）に犯罪行為の自覚と犯意がない場合は，信頼関係を壊してまで通報すべきかどうかは慎重に判断しなければならない。

　本ケースでは，覚せい剤かどうかについて治療者にも確信が持てず，確

認する手段も有しないということに注意を払う必要があろう。覚せい剤使用の確認は現物が発見されない場合，通常，2週間以内の尿検査によってのみ，その確認が可能とされる。しかし信頼関係を壊してまで尿検査を行う必要があるかどうかについては疑問がある。次に，最近問題となっているのは，覚せい剤以外にも，問題となる薬物があることだ。具体的には平成2年の改正で，麻薬取締法が「麻薬及び向精神薬取締法」と姿を変えたことにより，向精神薬が麻薬と同じ取り扱いをされるようになったということである。向精神薬のなかでも問題となることが多いのは，睡眠導入剤と呼ばれる寝つきを良くする薬や，あるいは最近問題となったリタリンといった精神刺激剤である。これらについては，麻薬同様の厳しい取り扱いと，規制がかけられていることに注意する必要がある。つまりG子さんが使用しているものが，睡眠薬や抗うつ剤その他の向精神薬であっても，このケースのような覚せい剤以上に慎重な対応と，場合によっては家族への通報の必要性（さらに，それをしない場合には，民法上の損害賠償請求の対象となるおそれ）が生じることとなるのである。

　では次に周囲の状況や事実関係の把握によって覚せい剤使用について確信がもてた場合は，どうであろうか？　心理臨床家には科学的に立証する手段はないが，周囲から情報が裏づけられたり，G子さんに薬を販売した者が逮捕され覚せい剤を取り扱っていたことが明らかになった場合などには，大きな問題となろう。

　通常，カウンセリングを開始するに当たってクライアントと契約を結ぶ際，クライアントの秘密を厳守することを約束する。これはクライアントとの信頼関係を構築するためにどうしても必要な手順である。しかし同時に，秘密保持の例外として，クライアントが自分の身体を傷つけたり，その恐れがある場合，または他人に危害を加えたりする恐れのある場合には，クライアントに対して保護的な機能を果たしうる家族や必要な機関などに通報することもありうると告げておくことが必要である。これは心理臨床を実施する際に求められる必須の倫理的配慮であり，同時に心理臨床家を訴訟等から守るために必要な手続きでもある。

2．親への連絡

　次に，家族への連絡はどうすべきであろうか？　もしもG子さんの覚せい剤使用についてかなり高い確信をもった場合には，G子さんを保護し，

より重大な犯罪に巻き込まれるのを防止する観点から，介入はやむをえないであろう。カウンセリングの開始に当たってクライアントとの契約のなかで，上記の秘密保持の限界について説明し了解が得られていれば，クライアントとの契約にも反しない。

　覚せい剤使用の確信が十分にもてない等の理由で家族への連絡をためらっているうちに，G子さんが覚せい剤所持の疑いで補導されたりした場合，SCが家族に連絡しなかったことで，家族から民事上の責任を問われるだろうか？　これは，このカウンセリング契約が家族の承認のもとに行われたのか，それとも家族の知らないところで行われたのかによって，事情が異なってくる。カウンセリングが家族の承認（容認）のもとに行われたとすれば，家族に報告しないことは道義的に問題となろう。もし家族の未承認下であれば，父母との準委任契約関係（民法656条）は存在しないので，契約上の報告義務などは発生しない（法学レクチャー7：秘密の保持についての民事責任，124頁参照）。ただし，場合によっては，不法行為に基づく損害賠償責任を負う可能性がある（法学レクチャー10：未成年者に対する監督義務，142頁参照）。

3．教育委員会への連絡

　むしろ問題となるのは教育委員会との関係である。教育委員会による雇用は当然委任契約であるから，その情報を報告しなかった，あるいは隠したことにより教育委員会が損害をこうむった場合（例えば，覚せい剤事犯としてG子さんが補導され，学校や教育委員会が社会的な非難を受けた場合など）には，SCの報告義務違反が成立することになる。

4．秘密保持の限界

　心理臨床家にとって，クライアントとの信頼関係は何よりも優先する。したがってクライアントから「秘密」を打ち明けられた場合，基本的にはそれを他者に漏らすことはせず，クライアントとの約束を守る。これがあって初めて，クライアントは心理臨床家になんでも打ち明けることができるようになるのである。したがって心理臨床家がクライアントから聞き知った事実について，たとえ相手が親であっても明かさないということが原則であろう。しばしば親がわが子についての情報を求めて，子を担当する臨床心理家のもとを訪ね，病状やその他の事情を問い質そうとすることが

ある。日本臨床心理士会倫理綱領2条にはクライアントの秘密を厳守することがあげられているが，クライアントの家族や親からのこうした情報提供の圧力は時に強いことがある。特にこのケースのように相手が未成年者である場合には，圧力は強くなることがありうる。親からこうしたアプローチがあった場合には，クライアントの許諾を得るようお願いするのが通常であるが，未成年者である場合には，親の権利を主張されると，それに抗してまで本人の許諾の必要を主張するのがかなり困難になる場合も多い。そのような場合には，カウンセリングに通っている事実のみを確認して，相談内容については本人の同意なくしては話すことはできないことを説明して理解を得るしかないであろう。

　ただし，先にも述べたようにクライアントの話からクライアントに自傷ないし他害の怖れのある場合には，この秘密保持の問題は例外となる（つまり秘密は守れない）。このことは最初の契約段階で確認をしているはずであるから，このケースでクライアントとの関係で問題となるのは，彼女が語った問題が「秘密保持の例外」となりうるかどうかということである。広い意味でいえば，この覚せい剤購入事件は「自傷」の範疇に入るとも言えるが，本人も覚せい剤であるとの確証を有していないのであるから，自傷としてよいか，判断に迷うところがある。これはむしろ「自傷の試み」として理解し，実際にクライアントとやり取りをしていく中で，「秘密保持の例外」となりうるかを判断していくしかないように思える。

　とくにこの行動化（治療関係外で治療関係の不満を行動によって解決しようとするもの）について，その意味と目的とをクライアントとの関係において取り上げることは，治療的には大きな意味があるといえよう。しかし，クライアントを理解していくそうした方法をとるにしても，クライアントがした事実（街で見ず知らずの者から何かもわからない薬物を購入し使用したということ）は変わらない。これについては，「もしも同じことが繰り返されるならばカウンセリングは行えなくなる」といった警告を出すこと（行動化一般に対する対応）をきちんとしなくてはならない。

（磯田　雄二郎）

コラム 18　　覚せい剤についての対応

　覚せい剤の使用については，使用後一定期間内であれば覚せい剤の誘導産物が血液中や尿中に検出される。覚せい剤の所持ないし不正使用で逮捕されるのは，覚せい剤の不法所持や，覚せい剤使用の現場を現行犯として発見された場合である。または覚せい剤の使用が尿検査等によって確認された場合である。覚せい剤は使用後一定時間が経ってしまうと，使用を証明できず，したがって罪に問うことが困難になる。覚せい剤使用は化学的検査によって証明できるが，通常こうした検査を入院患者や外来患者に対して，使用の可能性を疑って医師がオーダーすると，その結果が陽性である場合，臨床検査会社から，医師にはかかわりなく，警察に通報がいく場合がほとんどだと言われている。これは警察によって麻薬に倣って厳しい行政指導が行われているからであるといわれる。警察は覚せい剤に対してきわめて過敏であり，検査会社に対しては「場合によっては共犯」になることもあるといって検査結果を通報させているとも言われる。したがって，万一こうした検査をすると，たとえカウンセラーからの通報によらなくとも，すぐに警察によって事実が把握される可能性があることも念頭においたほうがよい。　　（磯田　雄二郎）

■薬学レクチャー 2■

ドラッグについて

1．ドラッグの流通

　近年，ドラッグについて「ダイエットできる。嫌な事が忘れられる。頭が冴える」などの誤った情報が氾濫している。友人や先輩といった身近な人間による勧誘やインターネットを通じて手軽に入手できる状況から，若年層を中心に利用者が急増している。MDMA（メチレンジオキシメタンフェタミン。別名エクスタシー*)をはじめとするドラッグは，見た目にもカラフルで遊びや快感を求める若者の好奇心をくすぐる形態となっている。

　＊　俗称（隠語）：ドラッグの使用は重い犯罪になるため，他人にわからないよう俗称で流通している。

2．ドラッグの種類と乱用形態

　脳に影響を与える依存性ドラッグは，大きく3つに分けることができる。

　①脳を過剰に刺激して興奮させる：
　　覚せい剤，コカイン，MDMA
　②脳の働きを抑制してもうろうとさ

MDMA の化学式 $C_{11}H_{15}NO_2$
（分子量193.25）

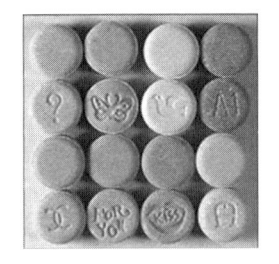

せる：麻薬，向精神薬，有機溶剤（シンナーなど）
③幻覚や妄想を引き起こす：LSD，大麻（マリファナ），メスカリン

いずれも使うと止められなくなり（依存状態），連用を繰り返し（乱用状態），正常な生活が営めなくなる。"一度試してみるだけ"という軽い気持ちで始めてしまったが最後，脳を侵され精神も身体を壊れて，取り返しのつかないことにもなりかねない。

ドラッグの使い方は大きく分けて4つある。
①経口（LSD，アンフェタミン，睡眠薬，精神安定剤，MDMA）：錠剤・カプセルを直接飲んだり，紙や砂糖に染み込ませたものを舐めたり飲料に溶かしたりして，口から摂取する方法
②吸引（コカイン，覚せい剤，シンナー）：揮発性のある有機溶剤や粉末にした覚せい剤を，鼻や口から吸い込む方法
③喫煙（マリファナ，ヘロイン，PCP，アイス）：タバコに混ぜて喫煙したり，ガラスパイプに入れて火であぶりながら吸う方法

注射の回し打ちがHIV感染の原因になるとわかってから，吸煙の人気が高まり，現在では覚せい剤乱用の主要な形態となっている
④注射（ヘロイン，覚せい剤，合成麻薬）：薬物乱用の典型的なスタイルで，100％体内に入ることから慢性乱用者に最も好まれる方法

3．薬物依存（drug dependence）

生体がある薬物に対して精神的かつ身体的依存状況，あるいはそのいずれかの状況に陥ることを，薬物依存という。薬物依存の結果生じる精神・身体障害（異常）を総称して"依存症"という。

1）精神的依存（psychological dependence）

断薬したり，十分量の薬物が手に入らない場合に，強い不安や薬物に対する激しい欲求が発現する。禁断症状は見られないが，その薬物の使用を自分の意志でコントロールできない強迫状態に陥り，薬を手に入れるためなら何でもする（犯罪も辞さない）。精神依存は，薬物を求めて行動するという無限の欲求が症状の中核をなす。

2）身体的依存（physical dependence）

　断薬や減薬によって薬物の血中濃度が低下し，不眠，不安，振戦（震え），発汗，痙攣発作，妄想，幻覚といった離脱症状（禁断症状 abstinence syndrome）を発現する。薬物を使用すると症状が消失するため，反復投与→精神的依存→身体的依存→精神的依存増強（精神的依存の二次形成）の順路で精神的依存を同時に形成することが多い。

4．ドラッグが心身に与える影響

　ドラッグが引き起こす心身のダメージには次のようなものがある。

①有機溶剤（シンナー，トルエン，接着剤，油性マジック）：シンナー類を吸引すると，吐き気，咳，鼻血，食欲不振などが初めに起こる。深く吸い込んだり大量に使用すると，意識障害，凶暴性，意識不明となることもある。長い期間，シンナーの吸引を続けると，肝炎や脳内出血，脳萎縮などを引き起こし，重い障害をもたらす。

②覚せい剤：覚せい剤を使用すると，異常な気持ちの高まりと過度の自信がわき，脈絡のない話を始める。肉体的にも精神的にもハイテンションとなって，じっとしていられなくなり，寝なくても食べなくても，いつまでも元気でいられる感覚に陥る。しかし，その感覚が終わると精神分裂状態となり，強い疲労とうつ状態に変わる。快感は頭痛やめまい，不安，混乱へと変わり，幻覚や妄想を体験する。そうした不安を取り除き，再度快感を味わうために覚せい剤を欲し，乱用を繰り返す。

③コカイン：コカインには"耐性"といって，初期と同様の薬物の効果を得るために，用量をどんどん増加しなければならないという特徴がある。作用は早く現れるが，消失するのも早く，数十分しかハイな気分でいられないため，すぐに2度3度と使用し，依存症となって大量のコカインを体内に取り込んでしまう。長期間，コカインを連用すると多幸感が徐々に過敏，興奮，不眠，疑念へと変わり，幻覚や妄想も感じるようになる。使用を中止しても，さまざまな後遺症に苦しむ。

④大麻：大麻を使用すると短期記憶や理解力がなくなり，時間の感覚が分からなくなって，集中力や注意力が散漫になる。マリファナ（大麻をタバコ状にしたもの）の煙はタバコ以上に多くの発ガン性物質を含んでいるため，毎日使用すると病気に対する免疫力が落ち，若年者では身長が伸びないなど，体格の変化も起こってくる。大麻の主成分は一度体内に入ると1か月以上も排泄されず，特に生殖細胞に障害を与える。

⑤麻薬：麻薬はからだの緊張を緩め，

痛みの感覚を和らげ，眠くなってもうろうとした感覚になる一方，吐き気，かゆみ，便秘などになる。短期間で依存状態になりやすく，大量使用では呼吸抑制が起こり，昏睡となって死に至った例が報告されている。精神的・身体的な禁断症状を避けたいために，いつも麻薬をからだの中に入れておかなければならなくなる。ただし，がんの疼痛緩和などのために，適切に処方される医療用麻薬は，この限りではない。

⑥幻覚薬：幻視・幻聴などの作用をもたらすドラッグ。多幸感を感じるが，時には恐怖感をもたらすこともある。方向・距離・時間の感覚が失われ，妄想状態と幻覚に陥る。作用が切れるまで不安，不眠，パニック状態が続き，ときには疎外感やうつ状態となって自分を傷つけたり自殺することもある。特に判断力が失われるため，事故に巻き込まれることも少なくない。

⑦向精神薬：睡眠導入剤をはじめとする医薬品が，間違った情報と共に流用されることがある。これらの勝手な使用は，途中に目覚めたときの記憶が失われたり，アルコールと同時に飲むと毒性が高まる危険もあることから，医師から処方された人だけが決められた量を正しく飲む必要がある。

5．ドラッグの社会的問題性

　覚せい剤や麻薬は個人の実害に留まらず，社会全体に大きな害を与えるという理由によって，法律で厳しく規制されている。では，覚せい剤や麻薬は社会全体にどんな害を与えるというのだろうか？

　ドラッグは強い依存性をもつため何度も繰り返し使用したくなり，自分の行動を自分の意志ではコントロールできなくなる。つまり，覚せい剤や麻薬なしではいられない状態（依存症）になり，それら入手するために窃盗，暴力，放火，殺人など凶悪な犯罪を平気でするようになる。

　ドラッグの中毒症状は，「自分を殺そうとしている」「つけ狙っている」「悪口を言っている」などの被害妄想から，何もしていない他人に苛立ちを感じ，たまたま隣に居合わせた人やすれ違った人に刃を向けることもある。妄想は，誰が考えても間違っていることを，本人は正しいと確信しているために，第三者がいくら説得しても証拠を突きつけても，自分の考えを修正することはできない。

　ドラッグは個人の健康や自由，そして将来を奪うばかりか，他人にまで危害を加え，家族や社会に多大な害を与えることから，世界中の国々で厳重に禁止されている。

（川村　和美）

■法学レクチャー 9■

少年事件の手続

　この事例で，仮にG子さんが実際に覚せい剤を使用しており，そのことが警察の知るところとなった場合にはどうなるだろうか。少年事件は成人の刑事事件とは別の手続がとられているが，その一例をごくかいつまんで見てみよう。

1　G子さんの事件の捜査

(1)　手続の概要

　警察は，捜査によって，被疑者の特定と証拠の確保を行う。この事例では，覚せい剤取締法違反（覚せい剤自己使用：同法41条の3第1項1号・19条）による捜査が行われることになる。なお，裁判所における手続と違って，捜査段階では，少年に対するいくつかの配慮規定はあるものの，実務上は原則として，成人と同様の手続がとられる。

　何らかのルートによって，警察が，G子さんが覚せい剤を使用しているとの情報をつかんだ場合，G子さんを被疑者（容疑者）とする取調べが行われることになるだろう。任意同行が求められて，警察での取調べが始まることも多い。取調べの最中，おそらくG子さんは，尿の任意提出を求められるだろう。薬物の自己使用を立証する最善の方法は，尿中の当該薬物反応だからである。G子さんが尿の任意提出を拒んだ場合，事情によっては，捜査機関は裁判官の令状をもらって，強制採尿を行うこともある（刑事訴訟法218条。令状による物理的強制により導尿管を挿入して尿を採取する）。いずれにせよ，入手した尿から薬物反応が出た場合には，改めて逮捕状を得る手続がとられ，G子さんは逮捕されることになるだろう（ただし，犯罪・非行のあるときでも逮捕しなければならないわけではない。逮捕などの身体拘束をするには，犯罪・非行を行ったと疑うに足りる相当な理由があり，住所不定の場合や，逃亡や罪証隠滅をすると疑う相当な理由が積極的に認められることが必要である。刑訴法60条1項等）。同時並行して，聞き込み捜査や自宅の捜索・差押えが行われることもある。

　警察は，逮捕後48時間以内に，釈放するか検察官に送致するかを決めなければならない（刑訴法203条1項）。後者の場合，検察官はさらに24時間以内に，釈放するか裁判官に勾留という身体拘束を求めるかしなければならない（刑訴法205条1項）。勾留の請求を受けた裁判官が請求を認めた場合，勾留の期間は最大10日間で，さらに最大10日間の延長が認められる（刑訴法208条）。その期間内に捜査を遂げて，G子さんは家庭裁判所に送られることに

なる。要するに，裁判所に送られるまでの捜査段階で，G子さんは最大23日間の身体拘束を受ける可能性がある。

(2) 捜査段階での援助・接見

取調べの際には，少年の場合でも，捜査機関以外の立会人がつけられることはまずないといってよい。2006年11月から，被疑者段階でも国選弁護制度が始まり，資力がない場合でも弁護人をつけることができるようになっている。経過措置の規定があるが，2009年5月21日からは，覚せい剤自己使用の罪は，国選弁護を利用できる対象となる（刑訴法37条の2以下）。その制度とは別に，各弁護士会では，当番弁護士制度というものを運用している。これは，接見（身体拘束をされている被疑者との面会）の初回に限り無料とすることで弁護人の援助を受けることができる制度で，G子さんは，こちらを利用することもできる。

勾留の段階では，弁護人以外の者が面会することが禁じられる措置がとられることも多い（接見禁止：刑訴法81条）。この措置がとられた場合，G子さんの親であろうとカウンセラーであろうと，接見をすることはできない。この場合，G子さんは弁護人以外とは会えなくなり，親やその他専門家の援助を受けることはできなくなるのである。

2 家庭裁判所の手続

(1) 家庭裁判所への送致

成人の刑事事件の場合には，検察官は，犯罪の嫌疑がある場合でも，その事件について地方裁判所に起訴するか否かを判断する権限を持っている（刑訴法248条）が，少年事件の場合には，犯罪の嫌疑がある場合にはすべての事件について家庭裁判所に送らなければならない（少年法42条）。したがってG子さんは，捜査によって犯罪の嫌疑ありとされれば，家庭裁判所送致の手続がとられることになる。

(2) 調査段階

家庭裁判所に送られると，まず，G子さんについて観護措置をとるか否かを裁判官が決める。観護措置は，心身鑑別のために必要な場合などに，少年を少年鑑別所に拘束する手続である。観護措置の期間は最大2週間で，さらに最大2週間の延長が可能である（また，事案が複雑など事実認定に時間がかかるような場合には，例外的に，さらに2週間プラス2週間の延長がされる場合もある）。したがって通例，G子さんは，最大4週間の期間，少年鑑別所に身体拘束されることになる（少年法17条）。

その後，G子さんは，少年鑑別所で心身鑑別を受けながら，家庭裁判所調査官の調査を受ける。心身鑑別は，鑑別所技官が，各種検査や行動観察などによって，少年の資質を判定するものである。調査官は，少年や親との面接，学校への照会などによって，少年の身上経歴や家庭・学校等の環境などを調査し，少年の現在の状況や負因を分析して，非行克服のためにどのような処

遇が必要か（以上を総称して「要保護性」と呼ばれる）を判断し，裁判官に調査官意見を出す（少年法 8 条・9 条）。

(3) 少年審判

それらに基づいて，少年審判が行われる。非行事実に争いがあるなど事実認定に必要な場合（少年法22条の 2）を除いては，審判に検察官は出席しない。他方，少年や親は，付添人をつけることができる。通常は弁護士が付添人になることが多いが，少年法上，付添人は弁護士に限られていない。親や他の専門家も家庭裁判所の許可を得れば付添人になることができる（少年法10条）。

審判では，まず非行事実を確定した後，少年鑑別所の鑑別結果や調査官の調査結果，あるいは付添人の提出資料などによって要保護性についての審理が行われ，それらに基づいて処分が決定される。主な処分には，① 不処分，② 保護処分，③ 検察官送致，がある。

① 仮にG子さんが実際には覚せい剤を使用していなかったとするなら，非行事実なしとして不処分となる。非行事実がある場合でも，要保護性にさしたる問題がなく，家庭裁判所による特段の措置がなくとも非行克服が可能と判断された場合には，処分は必要ないとして不処分決定が出て（少年法23条 2 項），G子さんは手続から解放される。

② 要保護性に問題がある場合，保護処分が課される（少年法24条 1 項）。

施設収容を伴う処遇が必要と判断された場合には少年院送致，家庭に戻しても大丈夫（もちろん，治療やカウンセリングを受けつつ，ということになるだろう）と判断された場合には保護観察の保護処分が言い渡される。G子さんの場合，これらの処分が言い渡されると，原則として20歳に達するまでが処分期間となる（20歳に達する以前に処分が終了することも多い）。施設収容までは必要ないが家庭環境に大きな問題があってそこから引き離す必要があると判断されると，児童自立支援施設・児童養護施設送致となることもある。この処分は児童福祉法上の施設を使うため，18歳に達するまでの処分となる。

③ 事案が重大で要保護性解消の見込みがないような場合には，検察官送致が言い渡されて，その後，成人と同じく地方裁判所に起訴されて刑事裁判を受ける場合もある（少年法20条）。

近年では，覚せい剤取締法違反の場合，およそ 6 割弱が少年院送致，4 割弱が保護観察になっている。

3 処 遇

少年院送致となった場合には，G子さんは少年院での生活を送ることになる。少年院では，G子さんの抱えている問題を勘案して，それを克服するための個別的処遇計画が作成され，それにしたがって処遇が行われることになる。G子さんについては，薬物からの脱却のためのプログラムのほか，自律

し良好な人間関係を構築できるようになるための処遇が専門家によって展開されることになろう。また，少年院から出てくるときの環境調整も行われる。

保護観察となった場合には，G子さんはこれまでと同じく社会で生活をすることになるため，（親の監督や，保護観察を実施する保護観察官・保護司の指導はもちろん）周囲の人間がどれだけ援助を提供できるかが重要である。民間機関での治療やカウンセリングで薬物使用から脱するとともに，抱えている問題を解決していくことになる。

もっとも，非行の発覚とその後の長期の身体拘束により，少年院送致の場合はもちろん，保護観察の場合でも，高校にいられなくなる（あるいは処分決定時にすでにそうなっている）可能性は少なくない。裁判所が保護処分を言い渡す場合には，それを踏まえたうえで，解決の道筋はある程度つけているはずだが，G子さんの生活基盤・基礎をどのように再建していくかが鍵であろう。

（正木　祐史）

■法学レクチャー 10■

未成年者に対する監督義務

1　不法行為における監督義務者である親権者の責任

他人に危害を加えて損害を発生させた者は，不法行為に基づく損害賠償責任を負うことになる（民法709条）。仮に，そのような損害を発生させた者が，未成年者であった場合，親も責任を負うのであろうか。

未成年者が，自らの行為の責任をしっかりと理解する能力（責任弁識能力）を欠いている場合には，その未成年者自体は「責任無能力者」であり損害賠償責任を負わない（民法712条）。ただし，その代わりに監督義務者（＝その者を監督する法定の義務を負う者），すなわち通常は親権者（または監護者）である親が責任を負うことになる（民法714条1項／親権者と監護者については，法学レクチャー2：未成年者と親との関係，59頁を参照）。ここでいう「責任弁識能力」とは，明確な基準があるわけではないが，だいたい11〜14歳前後で備えるものと考えられている。一般的には，小学生くらい（6歳前後）になれば物事の分別がつくようになるので，この年齢はやや高めに感じられるかもしれない。しかし，従来の判例や学説においては，未成年者の行為に関する責任を監督義務者に負わせて被害者が実際に損害賠償を受けることができるようにするために，責任弁識能力を有するとされる年

齢をやや高めに設定して紛争解決を図ってきたのである。

それでは、未成年者が「責任弁識能力」を備えた場合には、もはや親の損害賠償責任を問うことはできないのであろうか。結論からいうと、このような場合には、未成年者の責任を認めるとともに、監督義務者である親権者にも監督義務の懈怠があったことを理由として、監督義務者等の責任を定めた民法714条ではなく、一般的な不法行為責任を定めた民法709条に基づく責任を認めるというのが、最高裁判所の判例である（最高裁判所昭和49年3月22日判決・最高裁判所民事判例集28巻2号347頁）。つまり、親権者は、被害者に対して、未成年者に代わって間接的に責任を負うのではなく、自らの監督義務違反を理由に直接責任を負うことになる（この理論が登場したことにより、上述した「責任弁識能力」をめぐる議論の現代的な意味は失われてきている）。

いずれにせよ、未成年者が他人に損害を生じさせた場合には、子供を監督する義務を有する親も責任を負うことになる。

2　代理監督者の責任

例えば、小学校に通っている子供が、校内で友達にケガをさせたとしよう。この場合、親の責任は当然問われることになるが、学校で子供を監督する立場にある学校、あるいは教員には責任は発生しないのであろうか。

民法714条2項は、監督義務者に代わって責任無能力者を代理で監督する者（＝代理監督者）も、監督義務者と同様に損害賠償責任を負うとしている。ここでいう「代理監督者」とは、伝統的な考え方によれば、学校長や担当教員などの個人とされているが、近時は、それらの個人ではなく学校等の法人とする見解が有力である。もっとも、代理監督者は、あくまで教育現場等の特定の場所で監督義務を負う者にすぎないので、学外での児童・生徒の生活行動についてまで、代理監督者が監督する義務はないといえる。

ちなみに、責任無能力者ではない未成年者、具体的には、高校生などが他人に危害を加えた損害を発生させた場合には、学校や教員には損害賠償責任は発生しないのであろうか。

このような場合には、1で触れた親権者の責任と同様に、高校生などに責任が発生するとともに、具体的な状況次第では、学校や教員にも、代理監督義務の懈怠があったことを理由として、民法709条に基づく責任が発生すると考えられる。

3　本ケースの検討

本ケースでは、G子さんは16歳であり、十分に責任弁識能力は備えていると考えられるため、民法714条の監督義務者責任は、さしあたり問題とされない。しかし、G子さんは依然として未成年者であるから、親権者等の監督に服することになる。また、G子さん

は学校に通学しているので、学校内の行動に関しては、学校長や担当教員、さらに学校自体が監督する義務を負うことになろう。

ちなみに、覚せい剤等により責任弁識能力を失っているのであれば、精神上の障害により責任弁識能力を欠いている場合の免責を定めた民法713条に基づき、G子さん本人は責任を負わず、責任無能力者となる。その場合には、未成年者の場合と同様に、やはり民法714条に基づく監督者や代理監督者の責任が問題となる可能性がある。ただし、本ケースにおいては、G子さんは自らの行動を認識したうえでSCにその事実を話していることを考慮すれば、精神上の障害があるとまではいえないであろう。

それでは、SCは、G子さんの行動に対して監督義務を負うのであろうか。SCは、各地の教育委員会に直接雇用され各学校に配置されるため、基本的には学校内の指揮命令系統には属さないのが通常である。そのことを前提とすれば、SCとG子さんとの間には、上述したような監督関係は発生しない。そうであるならば、SCが「監督義務違反」を理由としてG子さんの行動に関連して不法行為責任を負うことはないといえよう。

もっとも、本ケースでは、SCは、G子さんの覚せい剤使用の可能性について認識している。もちろん、SCは、G子さんとの準委任契約に基づき、守秘義務を負っている。しかし、そうであるからといって、犯罪にあたる行為、ましてG子さんの生命・身体に重大な影響を与える行為をしていることについてまで他者に伝えてはならないという義務を負っているとまではいえないし、むしろ、そうした事実は積極的に伝えるべきであろう（法学レクチャー7：秘密保持についての民事責任について、124頁参照）。

この点を考慮すると、例えば、覚せい剤使用を黙認した結果、G子さんが他人に危害を加えて損害を生じさせた場合には、G子さんの覚せい剤使用を黙認したことと損害の発生の間に（相当）因果関係があると判断されれば、G子さんや親権者にとどまらず、SCも一般的な不法行為責任を定めた民法709条に基づき損害賠償責任を負う可能性がないとは言えないであろう。（覚せい剤使用を黙認したという原因により、危害を加えられた他人に損害が発生するという結果が発生した場合、その結果発生についてSCにも責任を負わせることが相当であると判断されるときは、原因と結果との間に相当因果関係があることになる）

それでは、G子さんが逮捕された、あるいは体調を崩した（あるいは死に至った）ことを理由として、親権者が、SCに対して不法行為に基づく損害賠償を求めた場合はどうであろうか。例えば、G子さんの友人が覚せい剤使用を認識していたというような場合とは異なり、専門的な知識を有するSCは、より高度な注意義務を負っていると考

えられる。仮にSCが一般的に守秘義務を負っているとしても、上述したように、このケースで問題になっているような覚せい剤使用の可能性があるという事実についてはそのような義務の対象外であるし、むしろ一刻も早く親権者はもとより、捜査機関等にも伝えるべきであると思われる。

この点を考慮すれば、G子さんが覚せい剤を使用していることを認識したにもかかわらず親に通知をしなかったこと自体が、専門家としての注意義務違反にあたり、過失が存在すると判断される（すなわち、SCの親に対する損害賠償責任が認められる）可能性もあると言える。

しかし、未成年者の通常の生活行動については、本来、まずは親権者が第一次的な監督責任を負っており、学校長や担当教員（あるいは学校）は、学校内の行動について第二次的に（代理）監督義務を負うにすぎない（もちろん、学校で事故が発生しG子さんが負傷したような場合には、まずは学校側の施設管理における安全配慮義務違反等が問われることになるであろうが、本ケースは、そのような場合にはあたらない）。そもそもSCには、すでに述べたように、そのような監督義務はないことに注意する必要がある。

本ケースにおいては、本来、第一次的に未成年者の監督責任を負う親権者が覚せい剤使用の事実をいち早く察知しなければならないにもかかわらず、親権者である両親が監督責任をまったく果たしていない状況にある。この状況で、学校内の行動についてのみ第二次的に責任を負う学校長や担当教員（あるいは学校）やそもそも監督責任を負わないSCに対して、親権者が一方的に不法行為に基づく損害賠償責任を追及するというのは、本末転倒であるともいえよう。この点を考慮すれば、仮にSCが損害賠償責任を負う場合であっても、未成年者である子がおかれた状況については親権者にも過失があるといえるため、過失相殺によって賠償額が減額されることになると思われる（民法722条）。

いずれにしろ、本ケースのような状況では、SCの責任が問われる可能性がないとは言えない。このような事態を避けるために、仮に犯罪行為につながるような情報を得たのであれば、関係者に伝えるなどの迅速な行動が求められるであろう。

（宮下 修一）

ケース 8

クライアントとの恋愛関係

　私は個人で心理相談室を開業している心理臨床家（48歳の男性）。もう1年余り通って来ている35歳の女性クライアントHさんのことで，最近頭を悩ましている。Hさんは自分の生き方，考え方について相談していたが，当所に通って心のうちを話すうちに，私に恋愛感情を抱くようになってしまったようだ。約1か月前，面接中にHさんはそのことを私に告白して，面接室の外での個人的な付き合いを求めたが，私は，心理臨床家とクライアントが恋愛関係になることは適切ではないので，それはできない，とその場できっぱりと断った。それを聞いたHさんは「女性の自分がやっとのことで告白したのに，そんな機械的な冷たい返事をするなんて」と泣き出し，次回面接の約束もできないままに帰り，以来1か月間連絡がなく，面接は中断している。

　心配になって，そろそろHさんに電話連絡をして，今後の面接をどうするかを相談しなければ，と思っていた矢先，突然，警察から出頭を求められた。Hさんが心理相談中に私からセクハラを受けたと警察に被害届を出したという。私にはまったく身に覚えのないことなので，戸惑っている。どうしたらよいだろう？

キーワード　恋愛感情，密室，潔白の証明，告訴，多重関係，境界の管理，文化感受性

背景となる事実

1. カウンセリングでは大変個人的な深い話をすることになり，それを真剣に受け止める心理臨床家に対してクライアントは信頼感を強くして行く。その信頼関係に基づいて，クライアントの心理的な変化を促進させていくことを狙いにしているカウンセリングでは，心理臨床家とクライアントとの心理的距離が次第に近くなっていくことは，ある意味で当然のことである。そのような中で，クライアントが心理臨床家

に対して，このケースのように恋愛感情を抱くこともしばしば起こり得ることだ。
2．それに対して心理臨床家がうまく対処することができなかったことが，ここまで話をこじらせてしまったと考えられる。クライアントが，相談室の中での関係を相談室の外での個人的関係に拡げたいと希望したことを，心理臨床家は職業倫理上適切でないと考え，即座に断わってしまった。突然の告白に，心理臨床家自身も動揺してしまったのである。

　しかし，冷たく拒絶されたと感じたクライアントは，それまで面接の中ではずっと自分の気持を大切に受け止めてくれてきた心理臨床家が，自分の気持に応えてくれなかったことで非常に落胆し，深く傷ついて帰宅した。その後，日が経つごとにその気持が大きくなり，心理臨床家に対する思慕の情は転じて怒りとなり，クライアントは暴走し，セクハラされたと警察に嘘の訴えをし，被害届を出したのである。

3．カウンセリングが行われる面接室は個室になっており，面接室の中では，（家族面接，同席面接を除いて）心理臨床家とクライアントの二人だけである。一般的に50分間の面接時間中は，ドアに「面接中」の札がかかり，第三者は部屋への出入りを遠慮し，電話がかかってきても一切取りつがないことが通例である。この点で，相談室は一種の密室状態と言える。このことから，このケースのように，一方が相談室の中で"あることが起きた"と主張した場合，他方が"そのようなことはなかった"と証明することは難しい。

4．通常は，各回の面接終了時に次回面接について確認し予約をする。次回までの間に急な病気や予定の変更などがあれば，電話やファックスなどで，日時の変更や欠席の連絡を行うことができる。

　Hさんの場合は，面接が終わる頃に泣き出してしまい，心理臨床家はどうしたらよいか分からず次回の予約ができないまま，気まずい雰囲気で面接を終了し，Hさんは帰宅してしまった。Hさんはあとで落ち着いたら電話をくれるだろう，と心理臨床家は期待していたのだが，電話がないままに日が過ぎてしまった。心理臨床家は気になっていたので，1か月が過ぎたら一度こちらから電話してみよう，と思っていたところである。

ケース8：クライアントとの恋愛関係   149

> **考えてみよう**
>
> Ｑ１：この事例のように，身に覚えもないのに，相談室でセクハラを受けたと警察に告訴されてしまった場合，あなただったら，どうするだろうか？　警察に出頭するしかないのだろうか。また，どうやってあなたは身の潔白を証明できるだろうか。
> Ｑ２：もっと早めに手を打つことはできなかったのだろうか。もしクライアントが，心理臨床家に対して特別の感情を持ってしまったことを早めに察知したら，どのように対処すればよいだろうか。
> Ｑ３：Ｈさんが告白したときの心理臨床家の対応の仕方は間違っていたのだろうか。もしそうなら，どのように対応すればよかったのだろうか。

解　説

１．心理臨床家とクライアントの関係

　二人の関係は，あくまでも相談機関を介して出会った相談業務内での人間関係である。この点において日常生活における人間関係とは異なった関係であり，心理臨床家はそのことをしっかりと自覚して，日常的・個人的な関係にならないように気をつけるべきである。ごくまれな治療上の必要がある場合を除いては，相談機関以外の場所で会うなど，私的なつき合いに拡げてはならない。さらに，そのような関係に発展しないように常々気をつけておくべき具体的な事項もある。たとえば，緊急性が予想される場合以外は，原則として心理臨床家の自宅の住所や電話番号，携帯電話番号などをクライアントに伝えないのが通例である。時間変更などの連絡は必ず相談機関の連絡窓口等を経由して行うようにするなどの注意も必要だ。また，心理臨床家の個人的な背景について尋ねられたときも，必要以上に話をすることがないように注意を払う必要がある。

2．心理臨床家の対応について

　心理臨床家は，臨床心理の仕事に大変情熱をもって取り組み，心理臨床家として正しい姿勢でこの仕事に取り組んでいこうという意欲に燃えている。クライアントとの個人的なつき合いをすることや，贈り物を受け取るなどは倫理的な観点から正しくないということはよく承知しているので，Hさんからの申し出に対しては断らなくてはならないと考えて，その場で毅然と断った。しかしHさんはそれを冷たく拒絶されたと感じ，そのことで深く傷ついた。心理臨床家がもう少し余裕を持ってクライアントの感情について面接の中で取り上げ，ゆっくりと話をしていくことができれば，このような最悪のシナリオは避けられたかも知れない。

3．告訴という事態になってしまったら

(1)　法律的側面

　Hさんが警察に「被害届」を出し，「告訴」した場合（本ケースがどのような犯罪類型に該当するか不明だが），刑事事件となり，捜査が行われることになる。心理臨床家は任意出頭を求められることになるだろう。その出頭には応じなければならない法的義務はないが，応じようとする場合には，警察での取り調べに対応するため，出頭前に弁護士に相談したり，弁護士依頼をしておいたほうがよいかも知れない。一緒に出頭する，あるいは相談の後一人で出頭，のどちらも可能である。

　刑事事件の扱いでは，捜査の結果，不起訴になればそれで終わる。しかし刑事事件で不起訴になっても，なお民事裁判で慰謝料請求などで訴えられることもあり得ることに注意が必要である。民事裁判になってマスコミに取り上げられたりした場合，それによって社会的地位を失ったり名誉を傷つけられる場合もあるだろう。

(2)　面接記録について

　面接記録（カルテ）は，その事例を責任をもって検討するもととなる記録であるので，きちんと記録を整えておくことは言うまでもないが，裁判等になった場合にも，その信憑性が争点になる。民事裁判においてはある程度有効な証拠となるので，面接記録をきちんととっておくことは大切である。

　また一つの方法としては，クライアントの了解を得た上で，面接をすべて録音しておくということが考えられるが，一般には，毎回カウンセリン

グ内容を録音することは稀である。クライアントの中には，録音をすることに対して神経質な人もいて，嫌だと断ることもある。また，はっきりと断ることは出来なくても，レコーダーが動いていると自由に話せなくなってしまう人もあり，すべてのクライアントに対して録音が可能であるとは限らない。録音することがクライアントにとっても何らかのメリットがあるならば，録音も考えられるが，心理臨床家の万一の時の安全確保のためだけに録音をするようなことは避けるべきである。　　　　（早矢仕　彩子）

コラム 19　　　　　　　　　　　　　　　　　　　　多重関係と文化感受性

　多重関係（二重関係）とは，クライアントとカウンセリングの専門職者との間に成立した関係以外に別の関係ができることを指す（水野 2005）。現在のクライアントとの恋愛・性的関係を持つことはあってはならず，相談室以外の場所での私的なつきあい（食事やコンサートへ行くなど）も，本来の専門的援助に基づく信頼関係を損なうだけでなくクライアントへ害をおよぼす可能性があるため，厳に慎むべきである。この関係は，知人や友人などの既に社会的関係を有する人に対してカウンセリングを行う場合にも生じることを認識しておきたい。日本臨床心理士会倫理綱領第3条は，「原則として，対象者との間で，『対象者―専門家』という専門的契約関係以外の関係を持ってはならない」。と禁じている。なお，アメリカ・カウンセリング協会（American Counseling Association）倫理綱領（ACA 2005）においても，クライアントとの性的・恋愛関係は危害および潜在的搾取をもたらすことから禁止されている。しかし，社会的関係の中で以下のような「潜在的に福利をもたらす可能性」があるならば，その理由と予期される結末などを事前に記録し，クライアントの同意を得て行うべきであるとしている（倫理綱領 A. 5 .d.）。水野（2006）は想定される関係として，①公式行事への参加（卒業式，結婚式など），②入院時の見舞い，③ストレスが強い時の精神的サポート，④同じ学会やコミュニティの会への参加などを挙げ，地域の慣習や文化に対する感受性を持つことの重要性を指摘している。クライアントからの贈り物についても同様に，私的関係を結ぶことの悪影響を想定して一律に受け取りを拒むのではなく，断り切れない場合は，文化的慣習の観点から尊敬や感謝の表現として受け取る方がよい場合もあるだろう。

（早矢仕　彩子／江口　昌克）

コラム 20　　転移・逆転移

　精神分析の用語では，「抑圧」した感情を，「抑圧」したときとは違う人に対して感じることを「感情転移」と呼ぶ。心理臨床家，クライアントが，"心理臨床家としての相手"，"クライアントとしての相手" に対するのとは異なった感情を経験することである。具体的にはクライアントが心理臨床家の中に親や子，兄弟姉妹，恩師，配偶者，恋人などに対するような感情を抱くことがあり，それを転移と呼ぶ。また心理臨床家がクライアントの転移感情に対して私的な感情を感じることを逆転移と呼ぶ。

　転移・逆転移が起こることは自然な成り行きとも考えられる。したがって，そのような感情を抑圧するのではなく，むしろそのようなことが起こった場合には，心理臨床家はそのことを十分意識し，面接の中で，互いの中にそのような感情が生じたことをオープンに話し合うということが大切である。またはそれが出来にくい場合は，スーパーヴァイザーに話すなど適切に対応することにより，自分の側の気持ち整理することなどが大切である。

（早矢仕　彩子）

コラム 21　　職能団体の倫理委員会

　本ケースの場合は警察への告訴であったが，職能団体（臨床心理士の場合は臨床心理士会など）へ直接訴えられるということもよくある。

　各職能団体はそれぞれが倫理綱領を設けており，倫理委員会が作られていることが多い。所属する会員について誰かから訴えや報告があれば，倫理委員会は独自の調査をし，その結果によっては倫理規定等にてらして，懲戒などの処分がなされる場合がある。日本臨床心理士会にも倫理委員会が設けられており，過去，資格剥奪，厳重注意，一定期間の登録の停止，登録の抹消などの処分が行われたことがある（松原 2006）。

　自分に関することで何らかの問題がおきた場合，自分が所属する職能団体に対して，自ら報告をするほうが望ましい。

（早矢仕　彩子）

ケース 9

終末期の心理臨床

　私はある総合病院に勤める唯一の臨床心理士。本病院の相談室の相談員を本務としながら，兼務として，精神科で心理テストに携わったり，必要に応じて心理療法も行い，時には，他科からの依頼で，入院患者の心理相談に乗ることもある。ある日，入院患者Ｉさん（74歳男性）の相談に乗ってほしい，と呼吸器科の担当医から依頼された。

　担当医の説明によれば，Ｉさんは，肺がんのステージⅣで他器官への転移も見つかって，1か月前に再入院し，本人と家族に，余命6か月から1年くらいという告知をしたとのこと。モルヒネで疼痛コントロールされているおかげで，激痛からは免れているようだが，呼吸困難に苦しめられ，ひどい時は胸をかきむしるような苦しみようである。Ｉさんは元大学教員で，妻を3年前に乳がんで亡くしている。福祉施設職員である一人娘（40歳）は，家族と共に同市内に住んでおり，週に一度は面会に来ていて，父親のそんな姿を見るに見かね，担当医に何とかならないかと訴えている。しかし，薬物治療は行われているものの，状況は十分には改善されず，人工呼吸器を装着すると楽になるという担当医の説明にＩさんは耳を貸さず，「機械で生かされるより，自然に死を迎えたい」と言っている。

　そんななか，数日前にＩさんは，日本尊厳死協会から取り寄せたリビングウィルの用紙に署名・捺印をして，担当医に見せて，延命治療は受けたくないと訴えた。担当医は，基本的には患者の意思を尊重したいと思うが，ご家族とも相談しましたかと尋ねた。するとＩさんは，娘にリビングウィルを見せたら，人工呼吸器をつけてでも，どんな状態になってでも生きて欲しいと泣かれ，反対されたけれども，自分としては娘から反対されても意思を貫きたいと答えたという。担当医としては，場合によっては人工呼吸器の装着を緊急に考えなければいけない時期も近づいているので，早急にＩさんが娘さんと話し合って欲しいと思うが，話し合いは平行線をたどるばかりなので，困っている。そこで，両者の間で相談に乗ってやってほしい，というのが私への依頼であった。

キーワード 終末期ケア，尊厳死，治療中止，リビング・ウィル，自己決定権，緩和

背景となる事実

1. 厚生省「末期医療に関するケアの在り方の検討会報告書」（1989年）でもすでに，「末期状態の患者は，一般的に死に対する恐怖心，孤独感，残される家族への気遣いなどの精神的な重荷を背負っており，……これらに対する精神面でのケアが十分に行われていない」ということが指摘されていた。だが，同年の「がん末期医療に関するケアのマニュアル」などでも，この「精神面でのケア」を担うのは医師や看護師ということになっていた。しかし，必ずしもそういう教育を受けてきていない医療従事者にはそれが大きな負担となり，専門の心理職が対応してくれることが期待されている。

2. そういう現状をふまえ，「がん対策基本法」（2007年4月施行）及び「がん対策推進基本計画」（2007年6月閣議決定）に基づく「がん診療連携拠点病院の整備について」（2008年3月厚生労働省通知）は，「専門的な知識及び技能を有するコメディカルスタッフ」として，「緩和ケアチームに協力する薬剤師及び医療心理に携わる者をそれぞれ1名以上配置することが望ましい」という方針を打ち出した。これにより，がん診療連携拠点病院では臨床心理士の配置が促進され始めている。

3. コウリー他 2004年には，こう書かれている。

　「カウンセラーとしてあなたは，クライアントが生の終結に関する決定の話題を持ち出したら，そのことを進んで話し合わなければなりません。……カウンセラーは，生の終結に関する自分自身の信念と価値観を明確にしなければなりません。そうすることによって，クライアントが彼ら自身の信念と価値体系の枠組みの中で決定が下せるように援助できるのです。……カウンセラーとしてのあなたの役割は，クライアントが自分自身の価値観の中で最善の決定を下せるように助けることです。しかし，生の終結を決定する個人の自由に関して，自分の州の法律や専門職団体の倫理ガイドラインを知っておいてください」。

これは，米国の法律制度のもとでの話で，我が国では，終末期医療の決定プロセスについて，ようやく厚生労働省のガイドライン（後述）が出されたが，まだ立法化には至っていないのが現状である。

考えてみよう

Q1：私は，患者Ｉさんとその娘，および担当医に対して，どのように対応したらよいだろうか？

Q2：下記1）～3）のそれぞれについて，私が配慮すべき事項を挙げてみよう。

1) Ｉさんが望んでいることを実現できるように，娘や担当医に働きかけ，援助を行う
2) 娘の希望を尊重して，Ｉさんや担当医に働きかけ，援助を行う
3) 担当医の医学的判断を重視して，Ｉさんや娘に働きかけ，援助を行う

解　説

1．患者（クライアント）の意思の尊重

1) リビング・ウィルとは

「尊厳死の宣言書（リビング・ウィル）」は，日本尊厳死協会が作成したものであり，現在10万人以上が登録していると言われている（これが最も普及しているので，以下「リビング・ウィル」とは，この日本尊厳死協会作成のものを指すことにする）。法的な拘束力はなく，そこに示された患者の意思を尊重するかどうかは，担当医の判断に委ねられている。

しかし，それまで延命主義一辺倒だった日本医師会も，1992年には尊厳死を容認し，「尊厳死については法律で定められていないが，患者の意思を尊重して生命維持装置をはずしても，医師は法的責任を問われないと考えられる。文書（リビング・ウィル）があれば，医師はそれに従うことが望ましい」という姿勢を打ち出した。その後，厚生労働省による「終末期医療の決定プロセスに関するガイドライン」（2007年公表。後述）を踏まえて，日本医師会第Ⅹ次生命倫理懇談会答申「終末期医療に関するガイド

ラインについて」(2008年2月)が公表され，そこでは，「患者の口頭による意思表示のほかに，患者が正常な判断ができないような状態では，患者の事前の文書による意思表示（リビング・ウィルまたはアドバンス・ディレクティヴ）を確認することが重要である」とされている。

とは言うものの，数年前に行われた名古屋大学のアンケート調査によれば，リビング・ウィルに示された患者の意思を尊重したと答えた医療関係者は70％ほどで，20％くらいは抵抗があると答え，尊重したというなかにも「自殺を手伝うことになりはしないか」と危惧している関係者も多かった，という。

また，リビング・ウィルは，「精神が健全な状態にある時に書いたもの」であることが条件になっており，うつ病の状態にないことが，精神科医によって確認されなければならないが，患者の一方的な「宣言」という形を取るリビング・ウィルでは，そのような手続きを取ることができない。

2）リビング・ウィルの問題点と事前指示書

日本では，脳死者からの臓器移植の場合，本人（脳死者）の書面による（脳死判定に従い臓器提供をするという）意思表示と，家族の（本人の上記意思に対する）同意という，二つが前提条件になって（ドナーカードにも家族署名欄がある），そのうえで初めて脳死判定という医学的判断が下されることになる。それに対して，終末期医療についての意思を表すリビング・ウィルには本人の署名欄しかなく，同じものを二部作って，一部を近親者に渡すことになっているのみであり，家族の同意を得るための手続きは特に定められていない。そこに挙げられた3項目の一つ一つに問題を指摘する声もあり，「宣言」という様式や本人の署名のみという書式にも問題が指摘され，たとえそこに表された意思を尊重したいと思う医師といえども，なかなかそのとおりに実行するのは難しいとも言われている。

そんななかで，リビング・ウィルよりももっと詳しい内容をもち，患者本人の終末期医療についての希望を細かく指定できるとともに，自由記述欄もある「事前指示書（アドバンス・ディレクティヴ）」または「レット・ミー・デサイド（私に決めさせて）」と呼ばれる文書は，代理人二名（家族のみならず，友人なども可能）とかかりつけ医の署名欄があり，しかも，状況の変化に応じて書き直す欄もある。これも使い方にはいろいろと問題が残るとしても，まだ推奨できると思われ，このような文書が法的

に位置づけられるべきだという声もある。

2．これまでの判例と最近の事件
1）判例
　尊厳死・延命治療中止を，安楽死とは別ものとして明示した裁判が，「東海大安楽死事件」についての横浜地方裁判所の判決（1995年3月28日・判例時報1530号28頁，判例タイムズ877号148頁）で，現在，この判例が，法的よりどころとなっている。それによると，安楽死は，次の四要件を満たすものとされた。
① 耐え難い肉体的苦痛があること
② 死が避けられずその死期が迫っていること
③ 肉体的苦痛を除去・緩和するために方法を尽くし他に代替手段がないこと
④ 生命の短縮を承認する患者の明示の意思表示があること
　また，延命治療中止（尊厳死）の三要件とされたのは，次の通りである。
① 患者が治癒不可能な病気に冒され，回復の見込みもなく死が避けられない末期状態にあること
② 治療行為の中止を求める患者の意思表示が存在し，治療の中止を行う時点で存在すること
③ 「自然の死」を迎えさせる目的に沿った決定であること
　なお，患者の意思表示が不十分の場合は，「家族の意思表示で補う必要がある」ともされている。

2）最近の事件
　2006年3月25日，富山県射水市民病院で，外科部長（当時）により2000年から2005年までの間に7人の末期患者の人工呼吸器が外され死亡していたことが，病院側の記者会見により発表された。元外科部長は，回復不能の状態のなかで，「家族との信頼関係（あうんの呼吸）の中で外した」と主張している。県警は2年を超える捜査の後，2008年7月に，殺人容疑で富山地検に書類送検した。県警の主張は，「心停止前に呼吸器を外せば，患者が死亡することは分かっていた。現行の法体系では殺人罪に問わざるを得ない」というもので，ただ，遺族に処罰感情が薄く，延命治療中止に明確なルールがないことから，「厳重な処罰は求めるものではない」とも

述べた。この事件について詳しくは，中島 2007を参照されたい。

3）事件の背景

いずれも事件の背景には，患者の意思の確認とともに家族の同意があったか，という問題がある。あるいは逆に，家族からの「見ていられない」といった要請に医師が判断を強いられたという要因がなかったか，という問題も指摘される。患者のケアとともに，家族に対するケアが必要であり，患者の意思と家族の同意と医師の医学的な判断が，いかにして合意に達することができるかが目標にされるべきと思われる。

3．今後の展望

そのような状況のなか，厚生労働省が「終末期医療の決定プロセスに関するガイドライン」を公表したのに続いて，さまざまなところから提言やガイドラインなどが発表されたが，いまだ法制化には至っていない。その一方，「がん対策基本法」によるがん医療の均てん化の方針を受けて，日本緩和医療学会や日本緩和医療薬学会を中心として緩和医療の普及（モルヒネに対する誤解の除去も含め）の動きが進んでおり，少なくとも疼痛から尊厳死を訴えるような患者は減っていくと考えられる。医療現場における心理職に携わる者としては，こうしたさまざまな動きから目を離さないようにしておかねばならないだろう。　　　　　　　　（浜渦　辰二）

コラム 22　　　　　　　　　　　　　　　　　　終末期医療をめぐる動き

厚生労働省は，2007年5月に，「終末期医療の決定プロセスに関するガイドライン」を公表した。そこでは，担当医が単独で判断を下すのではなく，「多専門職種の医療従事者から構成される医療・ケアチームによって，医学的妥当性と適切性を基に慎重に判断すべきである」とされている。また，「医療・ケアチームにより可能な限り疼痛やその他の不快な症状を十分に緩和」することとともに，「患者・家族の精神的・社会的な援助も含めた総合的な医療及びケアを行うことが必要である」とされている。ところが，「可能であれば，医療・ケアチームには，ソーシャル・ワーカーなど社会的な側面に配慮する人が参加することが望まれます」と述べられているものの，精神的あるいは心理的なケアを行う心理職については言及がない。ここにも，

医療現場で心理職がきちんと位置づけられていない我が国の現状が現れている。

その後，次のようにさまざまなところから提言やガイドラインなどが発表された。
- 尊厳死法制化を考える議員連盟「臨死状態における延命措置の中止などに関する法律案要綱（案）」(2007年6月)
- 日本尊厳死協会東海支部編『私が決める尊厳死――「不治かつ末期」の具体的提案』(2007年8月)
- 射水市民病院「終末期医療の基本方針」(2007年9月)
- 日本救急医学会救急医療における終末期医療のあり方に関する特別委員会「救急医療における終末期医療に関する提言（ガイドライン）」(2007年11月)
- 日本医師会第X次生命倫理懇談会答申「終末期医療に関するガイドラインについて」(2008年2月)
- 日本学術会議臨床医学委員会終末期医療分科会対外報告「終末期医療のあり方について――亜急性型の終末期について」(2008年2月)

これらがそれぞれ微妙に異なるスタンスにあることは，各自検討の必要があるが，いずれにせよ，「精神的ケア」について言及されることはあっても，心理職について言及されてはいない。このような現状のなかで，心理臨床家が果たすことのできる役割について考えるべきであろう。　　（浜渦　辰二）

コラム23　尊厳死とリビングウィルの法制化をめぐるアメリカとドイツの現状

カレン・アン・クインラン事件の翌年1976年に制定されたカリフォルニア州自然死法によって，リビングウィルは世界で初めて法的に保障された。米国では翌年以降，他の各州でも続々と自然死法ないし尊厳死法が成立していった。また，それら各州法を統一すべく1985年の統一末期病者権利法，さらに1990年の患者の自己決定法により，全米的に，原則として患者の事前の意思表明を尊重しつつも，それがない場合には家族等の代行決定を尊重するという潮流にある。他方ドイツでは，1978年にケルンの裁判官が「患者の遺言」を制度として導入すべきことを主張し，1981年にはドイツ人道死協会が「患者による事前指示書（Patientenverfügung）」のモデル案を提示した。その後，1986年には22名の学者が，「臨死介助法対案（Alternativentwurf eines Gesetzes über Sterbehilfe）」を公表して，この臨死介助という概念のもとに尊厳死が議論されたが，法制化には至らなかった。2004年のドイツ連邦議会「現代医療の倫理と法」審議会による報告書「患者による事前指示」

（ドイツ連邦議会審議会中間答申 2006）では，法制化に向けた「法案」を提案しつつも，重要なことは，重症患者や死に行く人に寄り添う態勢を改善し，緩和医療とホスピス制度を充実させることであり，「患者による事前指示」をめぐる論争はこの脈絡に埋め込まれなければならないことが強調された。本報告書の提言をふまえた法案が2008年3月連邦議会に提出され，現在審議中である。それは，日本の成年後見制度にあたる世話法（Betreuungsrecht 1992年施行，99年改正施行）を改正する形の法案である。具体的には，民法1901条に，同意能力のある人は，自らの同意能力を失ったときのために，どのような医療を望み又は拒否するかを書面で定めておくことができ（患者の事前指示），世話人はこの指示書を吟味し，その指示が現在の状況に該当する場合には，患者の意思を表明し実現するよう努めなければならないという条項等を加える形になる。法案は連邦議会でいまも議論のさなかにあり，成立は予断を許さない。　　　　　　　　　　　　　　　　　（浜渦　辰二）

コラム 24　　専門家の説明モデルと病いのナラティヴ

　医師が「今日はどうしましたか？」と問う。患者は「食欲がない」「熱がある」「寒気がする」と言い，さらに仕事や学校を休んだことなども付け加えるかもしれない。医師はその答えに頷きながら電子カルテに何やら打ち込み，病名と治療方針を患者に告げる。これは何気ない診察室でのひとコマであるが，医師は，専門的知識や臨床経験に準拠しながら，患者の語りを，専門的カテゴリーへと変換しているのである。こうした医師の行為は，患者の語る日常の語りを専門的な言葉へと置換する「翻訳」とも呼べる作業（Kleinman 1988，江口・五木田・上野訳 1998）なのであって，この解釈作業に基づいて医師は患者に医療サービスを提供しているのである。
　このように，確かに，医療や心理・福祉などの専門家は，ある意味で，患者・クライアントや家族について〈よく知っている〉のであり，〈よく知っている〉からこそ，専門的なサービスを提供しうるのである。例えば，心理療法や家族療法の領域に焦点をあてれば，セラピストは，専門的知識や臨床経験に基づいて，「心の問題」や「家族の問題」に病理の原因を発見し，その見立てを根拠にして個人や家族への介入を行うことができるのである（Gergen 1994，永田・深尾訳 2004）。
　しかしながら，留意が必要なのは，専門家が「問題」「原因」を同定し介入するために用意している専門的枠組みも，ひとつの説明モデルにすぎないということである。クラインマンが指摘しているように，専門的枠組みは患者・クライアントや家族などの「多義的」「多声的」な「病いの経験」を，

あまねく捉え得るものではないのである（Kleinman 1988，江口他訳 1998）。時には，専門家が自らの専門的枠組みに依拠し続けることで，クライアントの苦悩の源泉を明らかにしてくれるであろうクライアントの病いの語りをミッシングナラティヴ（＝未だ聴かれることのない物語）にしてしまうこともありうるのである（Boss 1999，南山訳 2005；南山 2003）。

　今日，メンタルヘルス領域において，病いのナラティヴに着目する動きがある（野口 2002；南山 2006a，2006b）。「患者」を捉える視点が，疾患を患う狭義の「患者」から固有の生活や人生を有する広義の「患者」へと拡張していくなかで，クライアントの人生や生活，その意味世界を理解することが重要であるとの認識が高まっているのである（南山 2005）。なぜなら，病いのナラティヴの主人公は患者・クライアントや家族自身なのであって，その病いの経験について〈よく知っている〉のは，まさに彼ら自身に他ならないからである。よって，臨床の現場に「ナラティヴ」という視点を取り入れたとき，専門家が考慮すべきさまざまな課題が浮上する。専門家は，彼ら自身が主人公である彼らの病いのナラティヴを勝手に書き換えてもよいのかどうか，彼らの物語と専門家の物語といった異なる物語の間に不調和が生じた場合，どのようにその不調和を調整すべきか，といったことである。現場において，ナラティヴという方法を取り入れようとする場合，こういった倫理的課題（宮坂 2006）もあわせて検討する必要があることを最後に確認しておきたい。

　　　　　　　　　　　　　　　　　　　　　　　　　　　　（南山　浩二）

ケース 10

羊水検査を受けるかどうか

　Jさんは35歳の妊婦である。いわゆる高齢妊娠であることを理由に，前医からの紹介状を持って夫と共に総合病院の遺伝相談外来を訪れた。Jさんは受診予約の電話の段階から不安が強い様子で，電話予約を受けた看護師が臨床心理士との面接も可能であることを伝えると，ぜひ希望したいと申し出た。相談当日は，担当医師のほか，看護師，臨床心理士が同席し，35歳の健康な妊婦にとっての一般的な先天異常児出産のリスクや，羊水検査について情報提供がなされた。医師がその時点でのカップルの意向を尋ねると，夫が口火を切り，やっとできた子どもではあるが，ダウン症など，障害をもった子どもが生まれると育てていけないと思うので，結果が出たらその時にはよく考えたいと話す。明言は避けつつも，羊水検査の結果次第では妊娠を継続しない選択をする余地があることを暗に含んでいる様子。Jさんは黙って聞いており，医師に同じ意見かどうか聞かれると，うつむきながら無言でうなずく。医師による情報提供終了後に臨床心理士がJさんと個別面接。夫は別室で看護師が対応する。Jさんは，医師，看護師，夫が退室するのを見届けると，すぐに涙ぐみ，不安でたまらず，考え始めると眠れないことさえある，と胸のうちを語りはじめる。Jさんによれば，夫は人前でははっきりと言わないが，胎児異常が判明したうえでその子を産むのは「親として無責任」(夫談) な行為である，と考えているとのこと。Jさんは，つい最近までは産むことしか考えていなかったので，夫のようには考えられない。しかし，生まれた子どもに先天異常があり，いわゆる障害児だった場合，夫と一緒に育てていくことになるので，その夫が賛成してくれない以上，自分ひとりの考えで検査を受けずにどんな子どもでも絶対に産むとは言えないと嘆く。

キーワード　羊水検査，遺伝相談，選択的（人工妊娠）中絶
　心理臨床家の生命観，夫婦間の意向の相違に対する対応

背景となる事実

1. 遺伝相談外来受診までの経緯など

　　Jさんにとっては今回がはじめての妊娠であり，結婚して10年目に，不妊治療の末にやっと授かった子どもである。夫はひとつ年上の36歳。Jさんも夫も妊娠がわかった当初は手放しで喜んでいた。ある日，妊産婦むけの雑誌を読んでいたところ羊水検査の記事が目に止まったが，そのときは自分には必要ないものと思い，深くは考えなかった。その後しばらくして，友人から「あなた，その歳で産むなら当然羊水検査を受けるんでしょう？」と言われ，急に不安になった。妊婦健診の際に担当の医師にたずねると，羊水検査を受けるかどうかは本人次第で，とくにすすめはしないが，詳しい話を聞きたいならしかるべきところを紹介するとのこと。夫に相談すると，「羊水検査は受けたほうがよい」とこともなげに言う。専門の相談機関で話を聞いてからよく考えようと思っていたJさんにとっては，羊水検査に対して簡単に態度を決めてしまっている夫が理解できず，ショックでもあった。そのため，夫がどうしてそのように考えるのか，問いただすこともできないまま，受診の日を迎えた。

2. 遺伝相談への心理臨床家の参画

　　「遺伝相談」も「遺伝カウンセリング」も genetic counseling の訳語として，関係者の間ではほぼ定着している。近年では，（筆者の印象としては）「遺伝相談」よりも「遺伝カウンセリング」のほうが好まれる傾向があるようだが，大きな意味の違いはない。むしろ，「遺伝カウンセリング」という呼称は，あたかもそれが心理臨床活動のサブカテゴリーであり心理臨床家としてトレーニングを受けた専門職がそれを行うという誤解につながるため，医療相談の一態様であることを明確にするためには「遺伝相談」で統一すべきとの指摘もある。しかし，そうであったとしても，相談に訪れる患者や家族に対する心理社会的支援が必要であることに変わりはない。遺伝相談外来のスタッフとして心理臨床家が参画している例も，少ないながら存在する（玉井 2006）。実態としては，臨床遺伝専門医を中心とした医療チームが，遺伝をめぐるさまざまな健康問題に診断や治療も含めて総合的に対応

するようになってきており，看護師も重要な役割を担いつつある。そこでは医学的側面からの適切な情報の提供のほか，対話を通して情報を整理し，当事者が納得のいく意思決定ができるよう心理社会的側面からの援助がなされ，染色体検査や遺伝子検査等（これらを総称して遺伝学的検査と呼ぶ）の適用も含めて検討される。

考えてみよう

Q1：本ケースでは，胎児異常と言っても，カップルが主に想定しているのはダウン症である。遺伝相談外来のスタッフとして対応した心理士の生命観・障害観として，知的障害はあるものの十分に社会生活が可能であるダウン症が「重篤な」疾患にあたるとは思えず，また，かりに新生児期に亡くなる場合が多いとされる疾患を「重篤な」と考えたとしても，それを理由に子どもの命を選別するようなことを果たしてしてもよいものか，という倫理的観点からの疑問が存在する場合，心理士は臨床家としてどのような心構えでクライアントに臨んだらいいのだろうか？

Q2：本ケースでは，夫は羊水検査に積極的であり，胎児異常が判明した際には妊娠を継続しないという意向である。他方，妻であるJさんは，羊水検査を受けること自体にためらいを感じている。羊水検査の際に身体的侵襲を被るのは女性であるJさん（妻）であり夫ではない。また，羊水検査の結果，胎児異常が判明して妊娠を継続しないという選択をすることになった場合，心身ともにさらに大きなダメージを受けることは想像に難くない。このような夫婦間の意向の相違に対して，どのような対応が考えられるだろうか？

解　説

1．出生前診断の実施基準と法的状況

羊水検査は，出生前診断の方法として比較的よく知られたものであるが，ほかに，絨毛と呼ばれる胎盤の一部を採取して染色体や遺伝子を調べる

など，いくつかの方法がある．こうした検査の実施に関して，次のような基準を日本産科婦人科学会が定めている．

　1） 夫婦のいずれかが，染色体異常の保因者である場合
　2） 染色体異常症に罹患した児を妊娠，分娩した既往を有する場合
　3） 高齢妊娠の場合
　4） 妊婦が<u>新生児期もしくは小児期に発症する</u>重篤なX連鎖遺伝病のヘテロ接合体の場合
　5） 夫婦の両者が，<u>新生児期もしくは小児期に発症する</u>重篤な常染色体劣性遺伝病のヘテロ接合体の場合
　6） 夫婦の一方もしくは両者が，<u>新生児期もしくは小児期に発症する</u>重篤な常染色体優性遺伝病のヘテロ接合体の場合（下線は筆者）
　7） その他，胎児が重篤な疾患に罹患する可能性のある場合

　これに先立つものとして，同学会の1988（昭和63）年会告がある．上記の2007（平成19）年会告と比較して若干の違いを指摘すれば，「重篤」の前に下線部「新生児期もしくは小児期に発症する」という文言が付加されたことである．日本産科婦人科学会の2007年会告の3年前に，同学会を含む遺伝関連十学会が策定したガイドライン（2004）もある．出生前診断に関してガイドラインの中で述べられている部分は，日本産科婦人科学会の2007年会告とほぼ同じである．時系列に従えば，「新生児期もしくは小児期に発症する重篤な……」は，遺伝関連十学会2004年ガイドラインの段階ではじめて登場したものである．要するに，わが国の医療専門家集団による出生前診断の実施基準は「緩く」なっているのではなく，むしろ「厳しく」なっているということを念頭においておきたい．

　法的状況についても簡単にふれておこう．出生前診断の実施そのものは，直接の法的規制の対象とはなっていないが，出生前診断の結果，妊婦やカップルが選択的人工妊娠中絶（胎児異常を理由とした人工妊娠中絶．以下，選択的中絶）を選択する可能性があるため，人工妊娠中絶（以下，中絶）の問題を避けて通ることはできない．

　わが国では，刑法212-216条に堕胎罪規定があり，自然の分娩に先立って胎児を母体外に出す行為は堕胎罪として処罰の対象になりうる．他方，母体保護法によって，「胎児が，母体外において，生命を保続することのできない時期に，人工的に，胎児及びその附属物を母体外に排出する」こと——これを一般的に，人工妊娠中絶，あるいは妊娠中絶，単に中絶

(「妊娠中絶」以外に「中絶」という言い方をしないためと思われる)と言う——については，母体保護法14条の規定によって違法性が阻却されうる。現在，「母体外において，生命を保続することのできない時期」とされる妊娠22週未満の中絶は，一定の要件を満たせば処罰されることはない。その要件とは次のとおりである。
　① 妊娠の継続又は分娩が身体的又は経済的理由により母体の健康を著しく害するおそれのあるもの
　② 暴行若しくは脅迫によって又は抵抗若しくは拒絶することができない間に姦淫されて妊娠したもの
　ここで注意が必要なのは，母体保護法のなかに胎児条項は存在しないという点である。すなわち法律上は胎児の疾患は中絶の直接の理由にはならない。では，出生前診断は行われてこなかったかと言えば，否である。それを受ける妊婦は諸外国に比して少数ではあるが存在し，結果としての選択的中絶も行われてきた。これは，先に紹介した母体保護法14条第1項をあてはめることによって選択的中絶を実施しているためである。したがって，胎児条項がなくても選択的中絶を前提とした出生前診断は実施可能ということになる。

2．遺伝相談で配慮すべきこと

　出生前診断はその結果として，妊娠を継続しない，すなわちその子を産まない(中絶)という選択もあり得る。どんな子どもでも産むというのであれば出生前診断の必要はないと考えれば，出生前診断は産まないという選択のためのものである，という言い方も可能である。そのため，倫理的問題が伴うことは言うまでもない。遺伝相談の外来に心理臨床家が参画している例は，国内の医療機関の中ではまだ少数であるが，今後は増えていくであろうし，妊婦の不安が強い等の理由で紹介されるケースもあるだろう。そのようなケースにかかわる以上，心理臨床家も自らの倫理観と向き合わなければならない。
　遺伝相談においては，一般には非指示的であることが求められるが，これは，ああしろ，こうしろ(検査をうけなさいとか，中絶しなさいなど)と命令するようなことは少なくとも慎むべきである，という程度の意味合いであって，心理臨床家自身が価値中立であるべきであるということではない。むしろ，自らの価値観を吟味し，倫理的感受性に対して自覚的にな

る，さらに踏み込んだ言い方をすれば，自分の中にあるバイアスから目をそらさないことが求められよう。

　健康な子をもちたい，子どもは健康で生まれてきてほしいという願望は，多くの人に共有されている，と言うことがひとまずできるとしても，そのために，中絶という手段を使ってでも疾患を有する胎児を回避しようとまで思うかどうかは，また別である。子どもは健康で生まれてきてほしいという願望と，疾患胎児の回避のための中絶という選択の間には，相当な距離があるということを忘れてはならない。

　次に，夫婦間の意向の相違に対する対応について考えてみよう。遺伝相談の場面では，夫婦間，あるいは家族の構成員間で，意向が食い違ったり，温度差があったりする場合が珍しくはない。本ケースでも妻と夫の意向には，決定的ではないかもしれないが，明らかなズレがある。このような場合，「お二人でよく考えてみてください」という（医療場面で多用される？）決まり文句だけを投げかけて帰せばよいというものではない。家族面接あるいはカップル面接の技法を取り入れ，お互いが攻撃的に単に相手を責めるだけで終わってしまわないような配慮をしつつ，しかし他方では，相手に対する陰性感情を表現することも一定程度許容しながら，その場で両者の意向を自然な形で引き出し，「今，ここで」の対話を一定程度活性化させておく必要がある。

（玉井　真理子）

コラム 25　　　　　　　出生前診断と選択的（人工妊娠）中絶

　出生前診断とは，広義には，妊娠中に胎児の健康状態に関する生体情報を収集し，胎児および妊婦の健康管理や分娩前後の母児への医学的処置，あるいは新生児期に必要な対応に役立てようとする検査・診断という一連の医療行為である。他方，狭義には，特定の胎児異常を積極的に発見し，妊娠を継続するかどうかの判断材料にするためにも行われる。両者の境界が曖昧になってきているという現状もあるが，倫理的問題性という点で取り上げられるのは主に後者（狭義の出生前診断）である。妊娠を継続しない選択をした場合に行われるのが，選択的（人工妊娠）中絶である。3つ子や4つ子などの多胎妊娠の場合に胎児の一部を母体内で死に至らしめること（わが国では，「減胎」や「減数手術」「減数術」と呼ばれる）を「選択的人工妊娠中絶（selective abortion）」と呼ぶこともあるようだが，わが国では，胎児の疾患の有無で（その胎児）を産むか産まないか選択するという意味で，胎児の

疾患を理由とした中絶を「選択的人工妊娠中絶」「選択的中絶」と呼ぶことが多い。
（玉井 真理子）

コラム 26　　　　　　　　　　　　　　　　　　　　　　　　　　　胎児条項

　実態はともかく，少なくともわが国の法律の条文上は，中絶の要件として胎児異常は認められていない。胎児異常が中絶の要件のひとつとして法律に明記されている場合，これを，「経済条項」（母体保護法第14条第1項「経済的理由により」のくだり）などの呼称にならって「胎児条項」と呼ぶことがある。わが国の法的状況においては，母体保護法の前身である優生保護法の時代から「胎児条項」は存在しなかった。過去に「胎児条項」導入に向けた動きが複数回あったが，いずれも実現には至っていない。諸外国では，中絶に関する法規定のなかに「胎児条項」がある場合もあるが，ない場合もあり，近年これを廃止したドイツの例もある。紙幅の関係上，「胎児条項」をめぐる議論について立ち入ることはできないので，拙稿「ドイツの胎児条項廃止とドイツ人類遺伝学会声明」も収録されている齋藤（2002）を参照されたい。誤解を恐れずにあえて結論だけ言えば，筆者は現行母体保護法への「胎児条項」には反対の立場である。
　詳しくは玉井 2006, 齋藤 2002参照。
（玉井 真理子）

コラム 27　　　　　　　　　ロングフル・バース訴訟，ロングフル・ライフ訴訟

　生まれてくる子の健康状態についての相談に関わって生じる法律問題に，「ロングフル・バース（wrongful birth 間違った出生）訴訟」というのがある。子が障害をもって生まれてきた場合に，その子の親が，もしも医師等の過失がなかったならば子の出生を避けることができたはずだとして，医師等に損害賠償を求める訴訟である。これに対して，生まれてきた子自身が，「自分は生まれないほうがよかった，生まれてきたのは損害だ」として，医師等の過失に対して賠償請求する訴訟を「ロングフル・ライフ（wrongful life）訴訟」と言う。
　この種の訴訟はアメリカにおいて1960年代から，妊娠中に風疹に罹患した女性が障害をもった子を出産するケースで提起された。70年代に羊水検査による出生前診断が普及したことで，この種の訴訟が急増した。例えば，ダウン症候群を患う女児を出産した39歳の夫人が，高齢出産でダウン症児を出産

する可能性があり，しかもそれを調べる方法として羊水検査があるのに，医師がそれを知らせなかった，として医師を訴えた。もしそうした説明を受け，羊水検査によってダウン症罹患を知ったなら，中絶し，この子を産むことはなかった，医師が説明義務を怠ったことにより，ダウン症児を出産することになったとして，子に関しては，身体的・精神的苦痛に対する賠償を請求し（ロングフル・ライフ訴訟），親に関しては，精神的苦痛に対する賠償と，子の医療費・養育・教育費などの諸費用の賠償を請求した（ロングフル・バース訴訟）（丸山 1987）。

わが国でも妊娠中に風疹に罹患したケースや，出生前診断をめぐって，ロングフルバース訴訟が起こっている。例えば，高齢出産でダウン症の子を産んだ女性が，担当医師に事前に羊水検査を依頼したにもかかわらず拒絶され，ダウン症児を産んだのは医師に責任があると，夫とともに訴えた（京都地方裁判所1997年1月24日判決で原告敗訴。判例時報1628号71頁，判例タイムズ956号239頁）。

また，PM病という神経系の難病をもって生まれた子の両親は，医師の誤った説明のために再び同じ病気の子供（三男）が生まれて過大な負担を強いられたとして，病院側に賠償を求める訴訟を起こした。第一審（東京地方裁判所2003年4月25日判決・判例時報1832号141頁，判例タイムズ1131号285頁）は介護費用を両親の損害とすることは，三男を「負の存在」と認めることになるとして，介護費用の請求を退けた。控訴審（東京高等裁判所2005年1月27日判決・判例時報1953号132頁）は，子が障害をもって生まれてくる可能性について担当医師が正確に説明しなかったことを，説明義務違反と認定し，出生後20年間にわたる介護費用などを原告（両親）の損害として認定し，被告に約4,800万円の支払いを命じた。ただし，介護費用の請求を認めたとしても，それは，両親の物心両面の負担を損害として評価するだけであって，三男の生存自体を損害と認めるものではないとした。原告は損害賠償額の算定などを不服として上告したが，最高裁は上告を棄却・不受理とし（最高裁判所2005年10月20日判決），控訴審判決が確定した。

類似の訴訟や判決はフランスやドイツにおいても出されている（山野 2003，2004，2005，2006；ドイツ連邦議会審議会答申 2006, 117-124；石川 2002；柿本 2005参照）。

各国で争われているこれらの訴訟では，病気や障害をもって生まれたことによる医療費や介護費用の負担増という点は理解できるとしても，「生まれてきたこと」自体を「損害」と認めうるのか，子が「生まれないでいる権利」を侵害されたとして，損害賠償を請求できるのかという，これまでの法理では捉えにくい問題も登場し，判決も揺れてきた。

わが国では，胎児異常を理由とする中絶が法律上認められていないことから，ロングフル・バース訴訟を否定する考えと，母体保護法14条1項を拡大

解釈して，出生前診断の結果をふまえた中絶が事実上おこなわれている現状を考慮して，これを認める考えとがある。こうしたなかで2005年に確定した上記の東京高裁判決は今後に大きな影響を及ぼす可能性がある。医師たちは提訴を怖れ，必要以上に出生前診断と中絶の可能性を説明するようになるかも知れない。いずれにしても，生まれてくる子の障害の有無に関する説明には，慎重な対応が求められるであろう。

　詳しくは丸山 1987, 山野 2003, 石川 2002, 柿本 2005, ドイツ連邦議会審議会答申 2006, 秋元 2007参照。　　　　　　　　　　　（松田　純）

ケース 11

事例発表・出版についての承諾

> 私は臨床心理士として，精神病院に勤務している。普段は外来と病棟双方で，医師からのオーダーを受けて心理検査や心理面接などを実施している。
>
> 摂食障害の治療のため入院をしていたK子さん（15歳）が無事治療を終え，退院したのを機に，K子さんの事例を学会で発表し，できれば学会誌に掲載したいと考えた。K子さんとその家族に対して実施した家族療法の過程を公表することは，摂食障害の治療法の発展にとって十分意義があることだと考えたからだ。
>
> 私は，家族療法を開始した最初のセッションで，「場合によっては事例発表という形で治療経過をまとめ，学会で発表する可能性がある」ということをK子さんの家族に説明し，口頭で了承を得ていた。K子さん本人に対しては，未成年でもあり，さらに，入院当初は精神的な安定を欠いていて話しかけても明確な返答がないような状況であったため，研究に関する話題を提示しても適切な判断ができないだろうと考え，学会発表の可能性に関する話は特にしなかった。

キーワード 研究倫理，事例発表，インフォームド・コンセント
研究協力者（インフォーマント）の同意能力

背景となる事実

1. 私は，K子さんとその家族に対して実施した家族療法が成果をあげたので，この過程を公表することが，摂食障害の治療の発展に貢献できると考えた。
2. 学会で事例として発表することについてK子さんの家族に説明し，口頭で了承を得ていたが，K子さん本人には説明をしていないし，同意も得ていない。
3. K子さんが未成年（15歳）であり，入院当初，精神的な安定を欠き，

研究や発表に関する話題を提示する状況になかったと判断したためである。

考えてみよう

Q1：研究や研究発表を行う場合，なぜ研究協力者の同意を得る必要があるのだろうか？　話し合ってみよう。

Q2：私が行ったインフォームド・コンセントは適切だったと言えるだろうか？　説明し同意を得た対象，説明方法，説明の内容や時期について考えてみよう。

Q3：研究協力者が説明を受け同意する能力があるか否かを判断する上で，どのような工夫や努力が必要だろうか。

解　説

1．インフォームド・コンセントとプライバシーの保護

　クライアントはふつうカウンセリングを受けるために心理臨床家のもとを訪れるのであって，研究の素材になるためではない。カウンセリングを受けることと，心理臨床家の研究に協力する（例えば研究の事例となる）ことは，別のことである。カウンセリングの開始について，クライアントからのインフォームド・コンセントが必要であるが，研究への協力は，これとは別にインフォームド・コンセントが必要である（総論20頁参照）。優れた研究とその発表は，今後の心理臨床活動の発展に寄与することが期待できる場合もあるが，研究対象となったクライアントの人権やプライバシーを侵害する危険もはらんでいる。匿名化または仮名化の必要はもちろんだが，匿名・仮名化さえすればよいというわけではない。クライアントの名前のみを隠しても，生々しいケースを記述すれば，クライアントの身近な人には研究協力者を容易に特定できる場合があろう。たまたま身近な人が論文を見る機会があり，そのことをクライアントに伝えたら，どうであろう。クライアントが非常に傷つくこともありうる。「事例を公表する際には，……対象者等が特定されないような取り上げ方や記述について細心の工夫を行う」必要がある（日本臨床心理士会倫理綱領7条の1）。

2．文書による同意

　不特定の他者や，クライアントをよく知る他者に，発表事例がクライアントのことだと分からなければ，それでよいだろうか？　記述を工夫しても，心理臨床家はたいてい実名で学会誌に投稿するであろうから，クライアントがたまたま論文を目にしたら，すぐに自分のことだと分かる場合が多いだろう。自分がこんなふうに見られ分析されていたのかと初めて知って驚愕し，深く傷つくことも考えられる。実際にそうした訴訟も起こっている（法学レクチャー11：事例を公表することによる守秘義務違反と，その民事責任，177頁参照）。クライアントがその研究を閲覧する可能性を考慮し，「記述に当たっては，対象者本人及びその家族等の人権や尊厳を傷付けるような表現は厳重に戒める」（日本臨床心理士会倫理綱領7条の2）ことはもちろんであるが，原則として，研究者は研究協力者から発表資料を読んでもらい，発表の許可を得なければならないであろう。

　「私」はK子さんの家族に，「場合によっては事例発表という形で治療経過をまとめ，学会で発表する可能性がある」という曖昧な計画を単に口頭で説明し，家族から口頭で了承を得たにすぎない。原則として，研究対象者に当該研究について文書で分かりやすく説明し，文書による同意を得ることが必須である。

3．未成年者や同意能力が十分でない人の場合

　研究対象者が未成年の場合は，その親権者または未成年後見人等からも同意を得ることが必要である（法学レクチャー10：未成年者に対する監督義務，142頁参照）。では，後者からの同意があれば，本人からの同意は要らないか？　本人の年齢や理解力によって異なるが，本人からも可能な限り同意を得ることが原則である。厚生労働省告示「臨床研究に関する倫理指針」（2008年7月改正）は，「未成年者の場合においても，研究者等は，被験者にわかりやすい言葉で十分な説明を行い，理解が得られるよう努めなければならない。また，被験者が16歳以上の場合には，代諾者等とともに，被験者からのインフォームド・コンセントも受けなければならない」と定めている（第4-2-1-ロ）。

　大人であっても理解力が十分でない人の場合にも，同様の配慮が必要である。特に，社会的に弱い立場にある人を研究協力者とする場合は，慎重な配慮を要する。これは近年，生物医学研究の倫理のなかで，特に議論に

なっている点である。こうした議論のレベルを十分に踏まえる必要があろう。
(小堀 彩子・松田 純)

コラム 28　研究の倫理

　人を対象とする研究の倫理に関しては，総論16頁で，特にナチスの医師たちによる非人道的な人体実験と「ニュルンベルク綱領」について説明した。
　その後，このテーマに関連するさまざまな文書が出されるが，国際的に重要なものはジュネーブ宣言（第2回世界医師会総会，1948）や「医の倫理の国際綱領」（第3回世界医師会総会，1949）とその1983改訂版，ヘルシンキ宣言（第18回世界医師会総会，1964）とその最新版ソウル改訂（2008）などである。
　日本には現在,「疫学研究に関する倫理指針」（文部科学省・厚生労働省，2002年，08年一部改正）,「臨床研究に関する倫理指針」（厚生労働省告示，2003年，08年改正）,「機関内倫理審査委員会の在り方について」（文部科学省科学技術・学術審議会生命倫理・安全部会，2003年）などがある。ただし，これらはいずれも行政指針であって強制力をもつ法律ではない。重大な人権侵害も起こりうる分野であるがゆえに，研究対象者保護法が必要との意見が以前から出されているが，まだ法制化の動きはない。法による規則，行政指針，職能団体による自主規制がバランスよく組み合わされた規制システムを構築し，不正な研究を防止する体制が必要である。
　心理臨床分野では，臨床心理士がまだ国家資格化されていないこともあり，法律も，行政による指針もまだない。研究の倫理についての取り組みもまだ弱い。医療倫理学の分野で彫琢されてきた基準や上記指針などに学びながら，これについての議論を活発化させて行く必要があろう。
　大学の医学部や付属病院には倫理委員会が設置されており，人を対象とする研究計画はここで審議され，研究実施の倫理的是非が検討されている。心理臨床分野における人を対象とする研究計画についても IRB (Institutional Review Board 施設内倫理委員会）で審査する体制整備が必要であろう。
　金沢 2006，日本発達心理学会 2000，日本心理臨床学会 2007を参照。
(松田 純)

■法学レクチャー 11■

事例を公表することによる守秘義務違反と，その民事責任

「日本臨床心理士会倫理綱領」は，会員に対し，「会員と対象者との関係は，援助を行う職業的専門家と援助を求める来談者という社会的契約に基づくものであること」の自覚を促し，「その関係維持のために」，「秘密保持」等を規定している（1条）。その上で，著書や論文等において事例を公表する場合には，「対象者のプライバシーや人権を厳重に保護し」，対象者本人の「同意を得ること」など詳細な留意事項を定めている（7条）。

では，心理臨床家が対象者（面談の相談者）の同意を得ないまま事例を公表し，守秘義務に違反した場合，心理臨床家は，どのような民事責任（刑事責任に関しては，法学レクチャー1：刑事法上の秘密の保持，27頁を参照）を負うのであろうか。また，仮に同意を得ていたとしても，その同意の取り方や論文の記述内容によっては，守秘義務違反を問われることもあり得る。こうした問題を考えるさいに参考となるのが，カウンセラーの守秘義務について判断した最初の事例とされる東京地方裁判所平成7年6月22日判決・判例時報1550号40頁である。これは，個人面接により知り得た相談者（原告）の私的事柄等を無断で書籍に記述したカウンセラー（被告）に対し，守秘義務違反によりこうむった精神的損害について慰謝料の支払いを命じたものである。

問題は守秘義務の根拠であるが，東京地裁判決は，これを「医師と患者との間の治療契約に類似した，いわば心理治療契約ともいうべき契約」に求めている。倫理綱領のいう「社会的契約」（2条）がこれにあたる。すなわち，「右契約の性質上，面接においては，相談者の他人に知られたくない私的事柄や心理的状況等が話されることが通常であるから，カウンセラーは，契約上，当然に，相談者に対して守秘義務を負う」のである。医師が，患者との治療契約上，患者に対して守秘義務を負うのと違いはない。

このカウンセラーが執筆した文章には，判決によれば，相談者である「女性の年令，学歴，職歴，家族関係，異性関係及び原告が描き展覧会に出品したという絵画についての具体的かつ詳細な記述があり，その記述の内容は，ほぼ原告についての客観的事実と合致するのであるから，被告は，仮名を使用してはいるものの，原告との面接中に知った原告についての私的事柄や心理状況をほぼそのまま本件文章において記述したもの」であった（原告及び被告の仮名を省略。以下同様）。

そこで，東京地裁判決は，こうした「記述事項及び記述内容から，原告を知る者にとっては，記述されている人物が原告であると容易に知り得るといえるから，被告は，前記契約上の守秘義務に違反したといわざるを得ない」と結論づけている。

もっとも，守秘義務違反（すなわち心理治療契約上の債務の不履行）があったとしても，これによる損害が発生していなければ，カウンセラーは損害賠償の責め（民事責任）を負うことはない（民法415条参照）。原告である相談者は「本件書籍の出版による精神的打撃で当時休職していた公立学校に復職できず，退職せざるを得なくなった」ことによる逸失利益（5年分の年間所得）を請求していたが，これについては，認める的確な証拠はないとして排斥している。他方，慰謝料については，「カウンセラーである被告が，相談者に無断で面接中に知り得た，相談者についての私的事柄や心理状態をほぼそのまま公表したことは，その意図や目的はともかく，女性の悩みの相談を受ける者として，あまりに軽率であると評するほかない。また，相談所やそこに所属するカウンセラーを信頼して心の悩みを相談した原告が，本件書籍を見つけたときの衝撃は察するに余りある」と精神的損害を認定している。その上で，慰謝料額については，「本件書籍は絶版とされ在庫も破棄されたこと，原告は，親戚や知人友人等から，本件書籍に原告についての記述がある旨指摘されるなどして具体的に生活に支障をきたしたということも窺われないことなどの事情を総合して考慮」し，50万円をもって相当としたのである。

相談者が本書籍を書店で見つけ，弁護士を交えての示談交渉から訴訟へ，そして東京地裁判決まで実に8年余りが経過している。このことにも思いを致すべきであろう。

（田中 克志）

IV

資料編

日本臨床心理士会倫理綱領

　日本臨床心理士会倫理規程第３条に基づき，本会会員（以下「会員」という。）の倫理綱領として以下を定める。

前　文
　日本臨床心理士会は，財団法人日本臨床心理士資格認定協会が認定する臨床心理士の職能団体として会員が提供する専門的臨床心理業務の質を保ち，業務の対象となる人々の基本的人権を守り，自己決定権を尊重し，その福祉の増進を目的として倫理綱領を策定する。会員は，上記の目的にそうよう，専門的職業人であるとともに一人の社会人としての良識を保持するよう努め，その社会的責任及び道義的責任を自覚し，以下の綱領を遵守する義務を負うものである。

第１条　基本的倫理（責任）
　１　会員は，基本的人権を尊重し，人種，宗教，性別，思想及び信条等で人を差別したり，嫌がらせを行ったり，自らの価値観を強制しない。
　２　会員は，業務遂行に当たって，対象者のプライバシーを尊重し，その自己決定を重んじる。
　３　会員は，対象者に対する心理査定を含む臨床心理行為を個人的欲求又は利益のために行ってはならない。同時に，対象者が常に最適な条件で心理査定を受けられるように，心理査定用具及びその解説書の取扱いには十分に留意する。
　４　会員は，自らの知識，能力，資質及び特性並びに自己が抱える葛藤等について十分に自覚した上で，専門家としての業務や活動を行う。
　５　会員は，心身の健康のバランスを保つとともに，自分自身の個人的な問題が職務に影響を及ぼしやすいことを自覚し，常に自分の状態を把握するよう努める。
　６　会員は，専門的技能を高めるために切磋琢磨し，相互の啓発に努め，他の専門家との連携及び協働について配慮し，社会的信頼を高めていくよう努める。
　７　会員は，臨床心理士の信用を傷つけ，または臨床心理士全体の不名誉となるような行為をしない。
　８　会員は，各種法規を守り，財団法人日本臨床心理士資格認定協会の定める

臨床心理士倫理規定及び臨床心理士倫理綱領並びに関連規定を遵守するとともに，本倫理綱領を含む本会の規約及び関連規程を遵守する。

第2条　秘密保持
　　会員は，会員と対象者との関係は，援助を行う職業的専門家と援助を求める来談者という社会的契約に基づくものであることを自覚し，その関係維持のために以下のことについて留意しなければならない。
　1　秘密保持
　　業務上知り得た対象者及び関係者の個人情報及び相談内容については，その内容が自他に危害を加える恐れがある場合又は法による定めがある場合を除き，守秘義務を第一とすること。
　2　情報開示
　　個人情報及び相談内容は対象者の同意なしで他者に開示してはならないが，開示せざるを得ない場合については，その条件等を事前に対象者と話し合うよう努めなければならない。また，個人情報及び相談内容が不用意に漏洩されることのないよう，記録の管理保管には最大限の注意を払うこと。
　3　テープ等の記録
　　面接や心理査定場面等をテープやビデオ等に記録する場合は，対象者の了解を得た上で行うこと。

第3条　対象者との関係
　　会員は，原則として，対象者との間で，「対象者－専門家」という専門的契約関係以外の関係を持ってはならない。そのために，対象者との関係については以下のことに留意しなければならない。
　1　対象者等に対して，個人的関係に発展する期待を抱かせるような言動（個人的会食，業務以外の金品の授受，贈答及び交換並びに自らの個人的情報についての過度の開示等）を慎むこと。
　2　近隣地域に自分以外の臨床心理業務を提供する専門家がおらず，既に知人である人に対して，やむず必要な臨床心理業務を提供せざるを得ない場合には，他の関連する専門家・専門機関に紹介を行うことに加えて，既に社会的関係を有している臨床心理士が臨床心理業務を提供することの問題点についても十分な説明を行った上で，対象者の自己決定を尊重すること。

第4条　インフォームド・コンセント
　　会員は，業務遂行に当たっては，対象者の自己決定を尊重するとともに，業

務の透明性を確保するよう努め，以下のことについて留意しなければならない。
1 臨床心理業務に関しての契約内容（業務の目的，技法，契約期間及び料金等）について，対象者に理解しやすい方法で十分な説明を行い，その同意が得られるようにする。
2 判断能力等から対象者自身が十分な自己決定を行うことができないと判断される場合には，対象者の保護者又は後見人等との間で十分な説明を行い，同意が得られるようにする。ただし，その場合でも，対象者本人に対してできるだけ十分な説明を行う。
3 契約内容については，いつでもその見直しの申し出を受け付けることを対象者に伝達しておく。
4 自他に危害を与えるおそれがあると判断される場合には，守秘よりも緊急の対応が優先される場合のあることを対象者に伝え，了解が得られないまま緊急の対応を行った場合は，その後も継続して対象者に説明を行うよう努める。
5 対象者から，面接の経過及び心理査定結果等の情報開示を求められた場合には，原則としてそれに応じる。
6 面接等の業務内容については，その内容を客観的かつ正確に記録しておかなければならない。この記録等については，原則として，対象者との面接等の最終日から5年間保存しておく。
7 対象者以外から当該対象者についての援助を依頼された場合は，その目的等について熟考し，必要であれば対象者を含めた関係者との話合いを行った上で，対象者及び関係者全体の福祉向上にかなうと判断できたときに，援助を行う。

第5条 職能的資質の向上と自覚
　　　会員は，資格取得後も専門的知識及び技術，最新の研究内容及びその成果並びに職業倫理的問題等について，研鑽を怠らないよう自らの専門家としての資質の向上に努めるとともに，以下のことに留意しなければならない。
1 自分自身の専門家としての知識・技術の範囲と限界について深い理解と自覚を持ち，その範囲内のみにおいて専門的活動を行うこと。
2 臨床心理業務にかかわる臨床心理援助技法等を業務において使用及び標榜する場合には，その実施に足るだけの研修を既に受けていること。
3 心理査定及び心理療法並びに地域援助などの専門的行為を実施するに当たっては，これまでの研究による十分な裏付けのある標準的施行方法により行

うことを原則とする。やむを得ず，実験的段階にある方法を用いる必要が生じた際には，対象者に対し，十分な情報提供を行い，同意を得た上で実施すること。
4 心理査定の結果及び臨床心理的援助の内容等，会員がその業務において行った事柄に関する情報が，対象者又はそれ以外の人に誤用又は悪用されないよう，細心の注意を払うこと。
5 自分自身の専門的知識及び技術を誇張したり，虚偽の情報を他者に提供したりしないこと。
6 自分自身の専門的知識及び技術では対応が困難な場合，又はその際の状況等において，やむを得ず援助を中止若しくは中断しなければならない場合には，対象者の益に供するよう，他の適切な専門家や専門機関の情報を対象者に伝え，対象者の自己決定を援助すること。なお，援助の中止等にかかわらず，他機関への紹介は，対象者の状態及び状況に配慮し，対象者の不利益にならないよう留意すること。
7 会員が，臨床経験の浅い者に職務を任せるときは，綿密な監督指導をするなど，その経験の浅い者が行う職務内容について自分自身に重大な責任があることを認識していること。

第6条 臨床心理士業務とかかわる営利活動等の企画，運営及び参画
会員は，臨床心理業務とかかわる営利活動及び各種研修会等を企画，運営及び参画する際には，独善的な意見及び主観的な見解に終始しないように努め，臨床心理士としての公共性と社会的信頼を失しないようにしなければならない。同時に，臨床心理士としての責任を自覚し，以下のことに留意しなければならない。
1 個人又は営利団体等の主催する「カウンセラー養成講座」「自己啓発セミナー」などの営利活動の企画，運営及び講師等としての参画に際しては，受講者等が臨床心理士の養成課程と混同するような誤解を生じさせないよう努めること。
2 テレビ，ラジオの出演又は一般雑誌等への執筆においては，対象者に関する守秘義務はもちろんのこと，対象者の人権と尊厳を傷付けることがないよう細心の注意を払うこと。また，心理査定用具並びにその具体的使用法及び解釈法の公開は避けること。

第7条 著作等における事例の公表及び心理査定用具類の取り扱い
会員は，著書や論文等において事例を公表する場合には，対象者のプライ

バシーや人権を厳重に保護し、以下のことに留意しなければならない。
1　事例を公表する際には、原則として、対象者本人及び必要な場合には、その保護者又は後見人等の同意を得るとともに、対象者等が特定されないような取り上げ方や記述について細心の工夫を行う。
2　記述に当たっては、対象者本人及びその家族等の人権や尊厳を傷付けるような表現は厳重に戒める。
3　事例における臨床心理援助技法及び活動については、誤解を招く記述は避け、さらに、臨床心理士として用いる援助技法及び援助活動を正確かつ適切に記述する。
4　事例の公表は、今後の臨床心理業務又は臨床心理士の活動に有効かつ有益であることが基本的前提である。したがって、その事例の公表は、社会的な意義を有するものであることが第一義であり、営利的活動や業績蓄積が主な目的であってはならない。
5　著書及び論文等の公表に際しては、先行研究をよく検討し、それら先行研究を盗用したと誤解されないような記述に努める。
6　心理査定に用いられる用具類及び解説書の出版、頒布に際しては、その査定法を適切に使用するための専門的知識及び技能を有しない者が入手又は実施することのないよう、十分に留意しなければならない。また、心理査定用具類は、学術上必要な範囲を超えてみだりに開示しない。

第8条　相互啓発及び倫理違反への対応
　　会員は、同じ専門家集団として資質の向上や倫理問題について相互啓発に努め、倫理違反に対しては、以下のとおり対応するとともに、各都道府県臨床心理士会の倫理担当役員及び日本臨床心理士会倫理委員会の調査等に積極的に協力しなければならない。
1　臨床心理士として不適当と考えられるような臨床活動や言動に接した時には、当該会員に自覚を促すこと。
2　知識、技術、倫理観及び言動等において臨床心理士としての資質に欠ける場合又は資質向上の努力が認められない場合、同様に注意を促すこと。
3　上記1及び2を実行しても当該会員に改善がみられない場合、又は上記1及び2の実行が困難な場合には、客観的な事実等を明確にして各都道府県臨床心理士会又は日本臨床心理士会倫理委員会あてに記名にて申し出ること。

附　則　本倫理綱領は平成16年3月20日より施行する。
附　則　本倫理綱領は平成17年4月1日より施行する。

法令・判例等のインターネット検索

1．検索にあたって

図書館の活用

　資料のあるところとして最も一般的なものの一つに，図書館がある。国公立の図書館のほか，大学の附属図書館にも市民開放を実施しているところがある。各種六法はもちろんのこと，書籍，雑誌，辞書・事典，年鑑・白書，マイクロフィルム，新聞縮刷版やオーディオ・ビデオ資料，設置されている情報検索用パソコンなど，色々なものが利用できる図書館は，今なお価値の高い資料入手先である。わからないことがあれば，各図書館に設置されている「レファレンス・カウンタ」や図書館司書等に問い合わせるという手段もある。

インターネットの活用

　他方で，それぞれの利用しやすい図書館に，求める資料のすべてがあるわけではない。インターネット上のツールをどのように使いこなせるかということも，現代の情報化社会においては重要なスキルと言わなければならない。印刷体では参照の難しい情報が入手できることも少なくない。図書館によっては，データベースの利用が可能なところもあるので，最寄りで利用できる図書館にどのようなデータベースが備わっているか確認することも有用であろう。以下では特に，利用の簡便かつ代表的なインターネット上の検索対象を中心に，いくつか簡単に紹介しておく。

利用上の注意

　もちろん，インターネット・リテラシーという言葉もあるとおり，インターネット上の情報については，その信頼性の評価・用法に十分な注意をはらう必要がある。ここで紹介する官公庁や公的機関などが整備しているものは一般的に信頼度が高いと言える。これに対して，例えば個人が開設しているホームページなどは，信頼できるといえるだけの根拠が別途必要である。

　引用に際して知的財産権に留意する必要もあるが，著作権法13条により，著作権の保護の対象とはならないので，下記のものは自由に利用できる。

・憲法その他の法令
・国や地方公共団体の機関・独立行政法人・地方独立行政法人の発する告示・訓令・通達その他これらに類するもの
・裁判所の判決・決定・命令・審判，行政庁の裁決・決定で裁判に準ずる手続により行われるもの
・これらの翻訳物・編集物で国・地方公共団体の機関・独立行政法人・地方独立行政法人が作成するもの

2．法令・判例の検索

　大雑把に言えば，法学に関連する資料として代表的なものは，次の4つに分ける

ことができる。
　　A．法令　　　①現行法令，②立法過程・改正経緯
　　B．判例
　　C．文献　　　①書籍，②雑誌論文，③その他
　　D．辞書・事典
　以下では，AとBについて説明をしていく（CとDについては，一般的な書籍・雑誌検索とほぼ異ならないと考えてよい）が，法令や判例，雑誌名については，参照を示すときに略語が使われることが多い。これら略語は，総合的には「法律編集者懇話会」というところがまとめた『法律文献等の出典の表示方法』を参照するのが一般的だが，同会から許諾を受けて，神戸大学大学院法学研究科がデジタル入力したもの（http://www.law.kobe-u.ac.jp/citation/mokuji.htm）があるので，そこで見ることができる。

　「**法令**」とは，憲法，条約，法律，政令，府令・省令，規則等の総称。政令，府令・省令を合わせて命令と呼ぶこともある。「法令」にはあたらないが，それに準じた法的ルールと考えられているものに，行政機関等が出す訓令，通達，告示などがある。条文に書かれていることの意味・内容や解釈を知りたい時には，法学の教科書やさまざまな「コンメンタール」（条文ごとにその内容を説明。書籍や雑誌として刊行されている）を参照。

　「**判例**」という語は多義的に使われており，厳密に述べようとすると少々複雑なことになるが，ここではさしあたり，法実務の場面において基礎となる法令についての考え方（解釈）や各場面での判断基準などについて裁判所が示した参照すべき判断内容（最高裁判所のものに限らない）ということにしておく。上記の法令がいわば「書かれた法」だとすると，そこに判例の中身を加えたものが「生きた法」と表現することもできよう（それに対して「あるべき法」を探求したものが「学説」ということになる）。

判例の略記法

　法学の文献では，参照すべき判断やその出典となる判例集などは略語で書かれることが少なくない。以下，略記の例とその意味である。
　〈例1：最決昭28・4・25刑集7-4-876〉
　→　最高裁判所が昭和28年4月25日に出した決定。『最高裁判所刑事判例集』の7巻4号876頁以下に掲載されている。
　〈例2：大阪地判昭53・12・27判時942-145〉
　→　大阪地方裁判所が昭和53年12月27日に出した判決。『判例時報』の942号145頁以下に掲載されている。

　これら略語については，上で述べた『法律文献等の出典の表示方法』で確認しなければならないが，データベースを利用する場合には，あまり細かなところまでは必要ない。本書では，必ずしもこのような表記方法をとっていない。

代表的参照サイト

A-①. 現行法令の検索

a．インターネット版「官報」 http://kanpou.npb.go.jp/
　独立行政法人国立印刷局が提供する最も信頼性の高いもの。発行当日から1週間は無料で閲覧可。
有料サービスとして戦後分は検索・印刷等が可能。ただし，官報掲載の法令を読むには（特に改正の場合），相当の技術が必要。むしろ最新の各種六法のほうがアクセスしやすい。

b．法令データ提供システム http://law.e-gov.go.jp/cgi-bin/idxsearch.cgi
　総務省行政管理局「電子政府の総合窓口（e-Gov）」という総合的行政ポータルサイトの中にある。
　法令の名前や法令の中で使われている用語から検索可能。ごく最近の改正は，施行されるまで反映されないことがある。それらについては，「未施行法令一覧」をクリック。

c．最高裁判所ホームページ http://www.courts.go.jp/saikosai/「**規則集**」http://www.courts.go.jp/kisokusyu/
　法令の中で，規則は法律の下位に属する法規範。中でも最高裁判所規則は，各種裁判手続に関する細則を定めるなど重要なものが多い。上記の法令データ提供システムでも検索可能だが，最高裁判所規則の主要なものはこのページにまとめておいてある。

d．各官庁のホームページ
　所管法令や関係規則，訓令・通達・告示等が入手可能な場合あり（情報公開度が官庁により違うため，入手範囲は区々）。

A-②. 立法過程・改正経緯
　法令は，立法や改正などの一定の手続を踏んでいるし，どの部分がどのように改正されたかということが理解に必要な場面もある。立法過程や改正経緯を調査する際のサイト。

a．国立国会図書館ホームページ http://www.ndl.go.jp/「**日本法令索引**」http://hourei.ndl.go.jp/SearchSys/
　現行法令，廃止法令，制定法令について，沿革や審議経過などがわかる。また，法律案や条約承認案件などの検索も可能。

b．国会の議事録：「**国会会議録検索システム**」http://kokkai.ndl.go.jp/
　国会図書館ホームページにあるこれが最も網羅的。衆議院ホームページ http://www.shugiin.go.jp/index.nsf/html/index.htm の「会議録」http://www.shugiin.go.jp/index.nsf/html/index_kaigiroku.htm や参議院ホームページ http://www.sangiin.go.jp/ の「会議録情報」http://www.sangiin.go.jp/japanese/frameset/fset_b07_01.htm などにもあるが，最近のものしか整理されていない。

c．**法務省ホームページ**　http://www.moj.go.jp/→「**審議会情報**」http://www.moj.go.jp/SHINGI/index.html
　民事法・刑事法などの基本重要法令の立法・改正については，法務省組織令という政令により，法制審議会での議論を経ることになっており，その議事録（要旨）・資料等をここで見ることができる。その他の審議会の情報はそれぞれ**所轄の諸官庁のホームページ**に掲載されているが，上記「電子政府の総合窓口」に各省庁の審議会・研究会へのリンクがある http://www.e-gov.go.jp/link/council.html。

　B．判　例
a．**最高裁判所のホームページ**　http://www.courts.go.jp/→「**裁判例情報**」http://www.courts.go.jp/search/jhsp0010?action_id=first&hanreiSrchKbn=01
　「最近の判例一覧（最高裁判所判例集，下級裁判所判例集，知的財産裁判例集）」，「最高裁判所判例集」，「高等裁判所判例集」，「下級裁判所判例集」，「行政事件裁判例集」，「労働事件裁判例集」，「知的財産裁判例集」などの項目がある。

b．**その他データベース**
・TKC「**LEX/DB インターネット**」(http://www.tkclex.ne.jp/index.html)
・第一法規「**判例体系**」「**法律判例文献情報**」(https://www.d1-law.com/d1w2_portal/index.html)　など
　判例検索で利用価値が高いのは商用データベースであり，多くの場合，有料（著作権に注意）。図書館（とりわけ法律系学部・大学院のある大学図書館）にデータベースがあって市民にも利用可能な場合もある。

3．読解作業

　どのようなツールを使ってどのような調査をしたにせよ，それを読み解く作業が必要となる。法令にしても判例にしても，理解するためには系統だった一定の特殊な作法があって，前提としなければならないことも多い。また，自身でやってみた調査が十分なものかどうかという問題もある。いずれにせよ最終的には，当該法分

野の研究者や弁護士などに問い合わせる必要が出てくるだろう。当該分野に習熟していないとき（そのことの自覚ももちろん必要である）のしかるべき専門家への紹介・照会という点で，これは，広い意味では，（自身がどの分野で活動するにせよ）専門家として有するべきリファーや連携の能力ということもできる。そのような問合せ先の資源開拓を不断に図っておく必要があろう。

4．法情報の検索についての参考文献

① いしかわまりこ・村井のり子・藤井康子（著）／指宿信・井田良・夏井高人・山野目章夫（監修）『リーガル・リサーチ［第3版］』日本評論社，2008

法律初学者をも対象として図書館司書たちが書いていることもあり，懇切丁寧に，広く深く教えてくれる。本稿のかなりの部分がこの本を参考にしている。

② 加賀山茂・松浦好治編『法情報学——ネットワーク時代の法学入門』［第2版補訂版］有斐閣，2006

上記①の本と比較すると，かなりの上級者用（法律家にとっても）といえる。①にはないものとして，「高度情報化時代の恩恵と留意点」，とりわけ「留意点」は参照すべき内容である。また，CD-ROM付きで実習ができるようになっている。

（正木　祐史）

あ と が き

　現在の社会情勢において，さまざまな分野で"倫理"と倫理教育の重要性が叫ばれている。しかし，そのうちの多くの分野で，何をどう教えてよいのか途方にくれている状況が見られる。医療倫理・生命倫理の分野では，すでに一定の蓄積をふまえて，新しい教科書が続々と刊行されているが，その他の対人援助分野では，倫理関係の基本文献がきわめて乏しい状況である。心理臨床分野もそうした状況にある。
　〈心理臨床の倫理と法〉というテーマは，さまざまな専門分野の者が共同して取り組んで，初めて可能となる。本書は，「はじめに」に書かれてあるように，もとは科学研究費に基づく研究プロジェクト（「対人援助（心理臨床・ヒューマンケア）の倫理と法，その理論と教育プログラム開発」2005-07年度。研究代表者：浜渦辰二）の研究成果を基盤にしているが，さらに，5名のゲストに特別に執筆をお願いした。そのお陰で，心理臨床，哲学・倫理学，法学，精神医学，社会心理学，社会福祉学，保健学，薬学の各分野の専門家からなる学際的な取り組みとなった。本書と類似テーマで，すでにいくつか貴重な先駆的業績が発表されているが，プロジェクトとして学際的に取り組まれたものとしては，本書が本邦初である。ご協力を頂いたゲストの方々には，心から御礼申し上げたい。
　本書で取り上げたケースはいずれも難しいモラルディレンマを内包している。簡単に答えが出るものではけっしてない。われわれの短期間の研究で尽くせるものでもない。本書で示した解説に対して，当然，異論や反論がありうるであろう。ぜひ忌憚のないご批判をお聴かせ頂けたら，幸いである。同時に，ケースが提起している諸問題は日本の心理臨床や対人援助の分野で，たえざる相互批判と，社会との対話を通じて，議論を深めていかなければならない課題でもある。本書がその課題に取り組むきっかけとなり，課題意識を共有できる人々のネットワークが拡がっていくことを願ってやまない。
　本書は静岡大学の学長裁量経費に基づく人文学部研究成果刊行助成費より支援を受け，人文学部研究叢書第20巻として刊行される。興直孝学長，および本書の意義を理解して頂いた浅利一郎人文学部長に感謝の意を表し

あ と が き

たい。

　最後に知泉書館の小山光夫社長ならびに高野文子さんには大変お世話になった。なかなか全体像が見えてこないなかで辛抱強く待って頂いた上に，ただでさえ多忙な年度末に無理をお願いして，ご迷惑をかけした。本書の緊要性を理解して，ここまで導いて下さったおふたりに心から御礼申し上げたい。

　2009年3月

編者を代表して
松 田 　 純

文 献 一 覧

ACA (2005). American Counseling Association, Code of ethics. アメリカ・カウンセリング協会倫理鋼領
秋元菜穂子（2007）「Wrongful Birth 訴訟の法社会学的考察－日米比較とアメリカ法からの示唆」樋口範雄・岩田太編『生命倫理と法II』弘文堂
AMCD (1998). Association for Multicultural Counseling and Development (AMCD), Multicultural training and standard.
APA (2002). Guidelines on multicultural education, training, research, practice, and organizational change for psychologists. Approved as APA policy by the APA council of representatives.
――― (2007) Accredited Doctoral Programs in Professional Psychology; *American Psychologist*, 62, 1041-1055.
Aristotle (1894). *Ethica Nicomachea*（アリストテレス／朴一功訳（2002）『ニコマコス倫理学』京都大学学術出版会）
麻生義輝（1974）『近世日本哲学史』宗高書房
Beauchamp, T. L., & Childress, J. F. (1989). *Principles of biomedical ethics*. 3th ed. (ビーチャム，T. L.・チルドレス，J. F.／永安幸正・立木教夫訳（1997）『生命医学倫理』成文堂)
Boss, P. (1999). *Ambiguous loss*, Harvard University Press.（ボス，P.／南山浩二訳（2005）『「さよなら」のない別れ　別れのない「さよなら」－あいまいな喪失』学文社）
中央労働災害防止協会（2006）『職場におけるメンタルヘルス対策のあり方検討委員会報告書』
Corey, G., Corey, M. S., & Callanan, P. (2003). *Issues and ethics in the helping professions*. 6th ed. Pacific Grove, Calif. : Brooks/Cole.（コウリー，G.・コウリー，M. S.・キャラナン，P.／村本詔司・殿村直子・浦谷計子訳（2004）『援助専門家のための倫理問題ワークブック』創元社）
ドイツ連邦議会審議会答申（2004）松田純監訳『人間の尊厳と遺伝子情報－現代医療の法と倫理（上）』知泉書館
――― （2006）松田純監訳『受精卵診断と生命政策の合意形成－現代医療の法と倫理（下）』知泉書館
ドイツ連邦議会審議会中間答申（2006）山本達監訳『人間らしい死と自己決定－終末期における事前指示』知泉書館
Gergen, K. J. (1994). *Realities and relationships*. Harvard University Press.（ガーゲン，K. J.／永田素彦・深尾誠訳（2004）『社会構成主義の理論と実践』ナカニシヤ

出版）
萩原擴（1924）『倫理学概論』東京寳文館
橋本剛・今田俊恵・北山忍（2007）「日米における援助要請傾向－日常的援助と専門的援助の両側面から」『日本心理学会第71回大会発表論文集』74
HIV 感染者に係る雇用問題に関する研究会（1998）「HIV 感染者に係る雇用問題に関する研究会報告書」
法務省（2006）『平成18年版在留外国人統計』
稲場雅紀（2003）「抗エイズ治療へのアクセス：その過去・現在・未来」アフリカ日本協議会 HP
井上孝代編著（1997）『留学生の発達援助　不適応の実態と対応』多賀出版
─── 編著（1998）「多文化時代のカウンセリング」『現代のエスプリ』377号，至文堂
─── 編著（2007）『つなぎ育てるカウンセリング　多文化教育臨床の基礎』川島書店
井上哲次郎（1883）『倫理新説』文盛堂
─── （1980）『哲学字彙』（覆刻版）名著普及会
石川裕一郎（2002）「障害者の「生まれない」権利？－「ペリュシュ判決」に揺れるフランス社会」『法学セミナー』№573，日本評論社
岩田靖夫（2005）『よく生きる』ちくま書房
自殺予防総合対策センター（2008）『自殺対策の基礎知識』
Jonsen, A. R., Siegler, M., & Winslade, W. J. (1997). *Clinical ethics: a practical approach to ethical decisions in clinical medicine.*（赤林朗・大井玄監訳（1999）『臨床倫理学』新興医学出版社）
香川知昌（2000）『生命倫理の成立』勁草書房
柿本佳美（2005）「胎児に「尊厳」は存在するか？－フランスでの事例を手がかりに－」『大阪産業大学論集　人文科学編』115号
金沢吉展（2004）『臨床心理的コミュニティ援助論』誠心書房
金沢吉展（2006）『臨床心理学の倫理をまなぶ』東京大学出版会
Kant, I. (1788). *Kritik der praktischen Vernunft*（カント, I.／波多野精一・宮本和吉・篠田英雄訳（1979）『実践理性批判』岩波書店）
神崎繁（2006）「道徳」井上達夫・神崎繁・加藤尚武・成田和信・大庭健・塩野谷祐一編『現代倫理学事典』弘文堂，623－625頁
河原格（1998）『医師の説明と患者の同意』成文堂
Kim, H. S., Sherman, D. K., Ko, D., & Taylor, S. E. (2006). Pursuit of comfort and pursuit of harmony: Culture, relationships, and social support seeking. *Personality and Social Psychology Bulletin*, 32, pp. 1595-1607
Kleinman, A. (1988). *The Illness narratives: Suffering, healing and the human condition*, Basic Books.（クラインマン, A.／江口重幸・五木田伸・上野豪志訳（1998）『病いの語り－慢性の病いをめぐる臨床人類学』第3刷，誠信書房）
厚生労働省（2004）『雇用管理に関する個人情報のうち健康情報を取り扱うに当たって

の留意事項』
厚生労働省（2004）『労働者の健康情報の保護に関する検討会報告書』
子安宣邦（2000）「近代「倫理」概念の成立とその行方」『思想』912号
Mackenzie, C. S., Knox, V. J., Gekoski, W. L., & Macaulay, H. L. 2004 An adaptation and extension of the attitude toward seeking professional psychological help scale. *Journal of Applied Social Psychology*, 34, 2410-2435
丸山英二（1987）「アメリカにおける Wrongful Birth 訴訟と Wrongful Life 訴訟について」藤倉晧一郎編『英米法論書』東京大学出版会
松原達哉（2006）『カウンセラーの倫理』金子書房
Mill, J. S. (1863). *Utilitarianism*, London（J. ミル／井原吉之助訳（1972）『世界の名著 ベンサム，J. S. ミル』中央公論社）
南山浩二（2003）「ポーリン・ボス「曖昧な喪失」研究の検討－その理論の概要－」『静岡大学人文学部人文論集』第54号の1，1-20頁
――――（2005）「物語とケア」浜鍋辰二編『〈ケアの人間学〉入門』知泉書館
――――（2006a）『精神障害者－家族の相互関係とストレス』ミネルヴァ書房
――――（2006b）「「現実」をめぐる「共同的対話」－ナラティブセラピーの展開とその合意－」静岡大学哲学会『文化と哲学』第23号，1-20頁
宮坂道夫（2006）「医療倫理の方法としての物語論」江口重幸・斎藤清二・野村直樹編『ナラティヴと医療』金剛出版，82-92頁
水野治久・石隈利紀（1999）「被援助志向性，被援助行動に関する研究の動向」『教育心理学研究』47，530-539頁
――――（2001）「アジア系留学生の被援助志向性と社会・心理学的要因の関連－効果的な援助方法の開発をめざして」筑波大学大学院心理学研究科博士論文
水野修二郎（2005）『よく分かるカウンセリング倫理』河出書房新社
――――（2006）『最新カウンセリング倫理ガイド』河出書房新社
森廣正（2002）「日本における外国人労働者問題の研究動向－文献を中心にして」『大原社会問題研究所雑誌』No.528
村本詔司（1998）『心理臨床と倫理』朱鷺書房
Nagy, Thomas F. (2005). *Ethics in plain English: an illustrative casebook for psychologists*. 2th ed.（ネイギー，T. F.／村本詔司・浦谷計子訳（2007）『APA倫理基準による心理学倫理問題事例集』創元社）
中田修（1972）『犯罪精神医学』金剛出版
中島みち（2007）『「尊厳死」に尊厳はあるか－ある呼吸器はずし事件から』岩波新書
直井知恵（2007）「Clinical Psychologist の養成とアイデンティティの発達」『東海心理学会月例会報告』名古屋大学
日本発達心理学会（2000）『心理学・倫理ガイドブック－リサーチと臨床』有斐閣
――――（2006）『心理学・倫理ガイドブック』有斐閣
日本臨床心理士会（2004）『第1回臨床心理士のための倫理ワークショップ抄録集』
――――（2005）「日本臨床心理士会倫理綱領」
日本心理臨床学会（2007）「日本心理臨床学会倫理綱領」

西周（1981）『西周全集』4巻，宗高書房
西村茂樹（1897）『国民道徳論』岩波書店
野口裕二（2002）『物語としてのケア—ナラティブ・アプローチの世界へ』医学書院
小俣和一郎（2003）『検証人体実験－731部隊・ナチ医学』第三文明社
斎藤有紀子（2002）『母体保護法とわたしたち』明石書房
産業保健専門職の倫理指針（2000）
瀬戸瑠夏（2006）「オープンルームにおけるスクールカウンセリングルームという場の構造－フィールドワークによる機能モデルの生成」『教育心理学研究』54，174－187頁
白川静（2003）『常用字解』平凡社
―――（2004）『新訂 字統』平凡社
孫長虹（2004）「中国人留学生の日本観」『多元文化』4，217－230頁，名古屋大学国際言語文化研究科国際多元文化専攻．HP（www.lang.nagoya-u.ac.jp/bugai/kokugen/tagen/tagenbunka/vol4/son4.pdf）より
田畑治（2006）「アメリカ合衆国・カリフォルニア州における大学院の教育訓練とポスト・ドクの研修と心理臨床実践－UCLAを中心として」『対人援助の倫理と法－「臨床と法」研究会活動報告』第1号，25-40頁
多文化間精神医学会編（1995）「外国人労働者とこころ　多文化間精神医学の現在」『現代のエスプリ』335号，至文堂
高橋祥友（2002）「自殺と防止対策の実態に関する研究協力報告書」『平成14年度厚生労働科学研究費補助金（こころの健康科学研究事業）』
―――（2006）『自殺の危険』金剛出版
―――（2007）『あなたの「死にたい，でも生きたい」を助けたい』講談社プラスアルファ新書
玉井真理子（2006）『遺伝相談とこころのケア』日本放送出版会
鑪幹八郎・名島潤慈（2000）『心理臨床家の手引』誠信書房
Taylor, S. E., Sherman, D. K., Kim, H. S., Jarcho, J., Takagi, K., & Dunagan, M. S. 2004 Culture and social support: Who seeks it and why? *Journal of Personality and Social Psychology*, 87, pp. 354-362
The Belmont Report (1979). The National Commission for the Protection of Human Subjects of Biomedical and Behavioral Research, Ethical principle and guidelines for the protection of human subjects of biomedical and behavioral research（津谷喜一郎・光石忠敬・栗原千絵子訳（2001）『臨床評価（Clinical Evaluation）』28(3)：559－68頁）
植木哲（2007）『医療の法律学』有斐閣
和辻哲郎（1980）『人間の学としての倫理学』岩波書店
山野嘉朗（2003-06）「医療過誤による先天性障害児の出生と賠償・補償－フランスの新立法とその影響」『愛知学院大学論業法学研究』第44巻

索　引

あ　行

アイヴィー　15
アドバンス・ディレクティブ　156
　→事前指示書
アリストテレス　23
安全配慮義務　145
慰謝料　178
遺伝カウンセリング，遺伝相談　163,
　164, 167
井上哲次郎　9
医の倫理　14, 15
医療保護入院　122
医療倫理　13, 14
違法阻却事由　28
インフォームド・コンセント（IC）
　14, 15, 18, 19, 30, 62, 173-75, 180
HIV 感染　97, 98, 101, 103
疫学研究　176
援助要請傾向　47-49
エンパワメント　88, 89

か　行

外傷性ストレス反応　109
カウンセリングの料金　66
覚せい剤　129, 131, 134
　――取締法　139
過失相殺　145
価値観　46, 50, 167, 179
学校との連携　69
家庭裁判所　140, 141
カルテ　55, 56, 65
　――開示　55, 60-65
監護者　65
監督義務　142, 143

患者
　――の意思の尊重　155
　――の権利章典　19
　――の自己決定法（米国）　159
　――の自己決定権　18
　――の自律　14
カント　12, 18
緩和　154, 158
危機介入　81
企業内カウンセラー　97
帰結主義　11
希死念慮　116-118
義務論　11
逆転移　152
救助の義務　22
境界の管理　147
矯正的正義　23
虞犯　87, 93, 94
ケアチーム　154, 158
刑事事件　150
研究倫理　47, 173, 176
研究協力者　173, 174
研究対象者保護法　176
健康情報　98-101
原則主義　34
後見人　183
向精神薬　132, 138
公表　183
功利主義　11
高齢出産　169
高齢妊娠　166
国選弁護制度　140
告訴　147
個人情報　101
　――保護　97
　――保護法　100-102
子どもの権利条約　88

コミュニティ　88

さ　行

産業カウンセラー　99
産業保健　100
自己決定　24, 25, 58
　　——権　14, 18, 30, 99, 154, 159
自殺　116
　　——願望　vii
自傷　25
事前指示　160
　　——書　156, 159
児童虐待　81
　　——防止法　33, 80, 90
児童相談所　79-81, 86, 87
児童福祉法　79, 81, 87, 91-94
自由権　18
終末期　153, 159
　　——医療　155
　　——ケア　154
出生前診断　165, 167
守秘義務　45, 69, 71, 78, 82, 84, 99, 100, 121, 125, 126, 177, 180
　　——違反　177, 178
準委任契約　62, 125, 133
生涯研修　38
証言拒絶権　27
正直　13, 23, 24
少年
　　——院送致　141
　　——鑑別所　140
　　——事件　139
　　——審判　141
　　——法　79, 93
情報
　　——開示　180, 181
　　——非開示　19
　　——提供　45, 121, 133
　　——について自己決定する権利　24, 25
職業倫理　29-31, 99, 100, 148

職能団体　152
触法　89, 94
白川静　5
自律　13, 17, 18, 20, 33
　　——尊重　24, 30, 43, 44, 46
事例発表　173
人格の尊重　17, 30
人権　101, 174, 175
親権者　60, 64, 65, 142, 145
人工呼吸器　153
人工妊娠中絶　166
人種　179
心神喪失者医療観察法　122
人体実験　15, 16
信頼関係　v, 69, 71, 78, 85, 121, 122, 129-31, 133, 147
心理治療契約　178
心理的開放性　47, 48
診療契約　62
スーパーヴァイザー　82
スーパーヴィジョン　33
スクールカウンセラー（SC）　43, 69-75
正義　17, 23, 30, 33, 44
誠実　13, 23, 29, 43
青少年育成条例　79
精神保健福祉法　86, 122
成年後見制度　160
性的虐待　77-90
性犯罪被害者　107
性非行　93
生物医学倫理の四原則　13, 14, 17, 23, 29
生命観　163
生命倫理学　13, 14
責任能力　122
責任弁識能力　142, 143
責任無能力　142, 143
説明義務　58
説明責任　55, 60
世話法　160
善管注意義務　126

索　引

善行　13, 17, 20, 22, 29, 30, 33, 43, 44
センシティブ情報　97, 101
選択的（人工妊娠）中絶　163, 168
捜査協力　127
ソクラテス　10
組織倫理　99
措置入院　122
損害賠償　126, 170
　——責任　144
尊厳死　46, 154, 155, 157, 159

た 行

胎児条項　169
代理監督者　143, 144
他害　25
多重関係　147, 151
タスキギー梅毒研究　15
堕胎罪　166
多文化　50
　——カウンセリング　49
タラソフ事件　123
注意義務　145
治療中止　31, 154, 157
チルドレス　17, 18
通告　83, 92
　——義務　78
通報義務　127
転移　152
同意　175
　——書　19
　——能力　160, 173, 175
道具化の禁止　30, 44
道徳　6, 7
トラウマティック・ストレス反応　107, 109
ドラッグ　129, 135

な 行

中島力造　5
ナラティヴ　161

日本司法支援センター（法テラス）　113
日本臨床心理士会倫理綱領　20, 26, 33, 58, 133, 151, 174, 179
ニュルンベルク綱領　15, 176
任意出頭　150
ネグレクト　80, 86, 91

は 行

配分的正義　23
パターナリズム　88, 89
犯罪
　——の通報　127
　——の予測　124
　——被害者　107-118
　——被害者等基本法　33, 79, 111-113
　——被害者等基本計画　112-116
犯人隠避罪　127
ビーチャム　17, 18, 34
被害者支援　108
被害届　150
非行　87
ヒポクラテスの誓い　13, 14
秘密
　——厳守　71, 72
　——保持　vii, 23, 25-27, 30, 43-45, 124, 132, 133, 134, 177, 180
　——保持についての民事責任　124-126, 177-178
　——漏示　27, 28, 127
夫婦間の意向の相違　163
プライバシー　17, 23, 24, 101, 104, 177, 179
　——権　18
　——保護　43, 44, 65, 73, 174
プロフェッション（専門職）　14, 35, 36
文化感受性　147, 151
文化差　47
並行面接　55

ベルモントレポート　14, 15, 21
法的（な）責任　v, 20
法的手続き　78
法テラス　113, 114
法と倫理　35
保護
　——観察　142
　——者　55, 57, 80, 84, 91, 92, 94, 109, 183
　——処分　141
　——責任者遺棄　90, 91
母体保護法　167, 170

ま　行

末期医療　154
麻薬及び向精神薬取締法　132
未成年者　58, 59, 78, 85, 88, 110, 142, 145, 175
密室　147
ミル，J. S.　11, 18
民事責任　177
無危害　13, 17, 20, 29, 30, 33, 43, 44, 46
面接記録　150
モラルディレンマ　vii, 31, 32

や　行

薬物依存　136
羊水検査　163-65
要保護性　140
抑圧　152

ら・わ　行

利益相反　97, 99
リビングウィル　153-55, 159
リファー　97, 102
臨床研究　176
臨床倫理学　34
倫理　5, 7
　——委員　152
　——学　8, 9
　——的葛藤　v
　——理論　10
恋愛関係　147, 151
労働安全衛生法　99
ロングフル・バース訴訟　171
ロングフル・ライフ訴訟　171
和辻哲郎　6

執筆者一覧

(2009年4月1日現在，五十音順)

磯田雄二郎（いそだ・ゆうじろう）
静岡大学大学院人文社会科学研究科・教授，医学博士，臨床心理士，精神療法学・精神医学・臨床心理学
〔業績〕『サイコドラマの実際』（共著）金剛出版，1986年，『集団精神療法の基礎用語』（編著）金剛出版，2003年，『ジョナサン フォックス著，エッセンシャル・モレノー自発性，サイコドラマ，そして集団精神療法へ』（監訳）金剛出版，2000年，The Narcissistic Role System －A New Concept of Systemic Role Theory－, *ANZPA journal*, vol. 9 PP. 37-43, 2000.

川村和美（かわむら・かずみ）
スギメディカル㈱教育事業部主任研究員・静岡大学人文社会科学研究科，博士（薬学），薬学倫理
〔業績〕『薬剤師とくすりと倫理』改訂7版（共著），じほう，2007年，『薬剤師のモラルディレンマ』（共編著）南山堂，2009年近刊，「私の薬剤師倫理」『月刊薬事』2007年10月号，日本薬学会医療薬学部会受章論文，2007年

小島孝子（こじま・たかこ）
静岡大学留学生カウンセラー・静岡市スクールカウンセラー・静岡大学非常勤講師，修士（臨床人間科学），社会学修士，臨床心理士，米国オレゴン州立ポートランド大学・同大学院にて心理学・カウンセリングの単位取得

小堀彩子（こほり・あやこ）
静岡大学大学院人文社会科学研究科・助教，修士（文学），臨床心理士，臨床心理学
〔業績〕G. C. デビソン・J. M. ニール・A. M. クリング著『テキスト臨床心理学2 研究と倫理』（共訳）誠信書房，2007年，M. ブルック・F. W. ボンド著『認知行動療法ケースフォーミュレーション入門』（共訳）金剛出版，2006年，「看護師のバーンアウト促進・抑制要因としての共感性」『心理臨床学研究』26，2008年，「不眠の重症度と感情労働が看護師の日中の過度な眠気の主観的評価に及ぼす影響」『臨床心理学』9，2009年

白井孝一（しらい・こういち）
オーシャニック法律事務所，弁護士
〔業績〕『ヨーロッパ調査報告－被害者の刑事手続きへの参加をめざして，全国犯罪被害者の会』（共著）あすの会，2002年，『ヨーロッパ調査報告書－犯罪被害者補償制度，全国犯罪被害者の会』（共著）あすの会，2005年，NPO全国被害者支援ネットワーク編『犯罪被害者支援必携』（共著）東京法令出版，2008年，NPO全国被害者支援ネットワーク『直接支援員初級マニュアル』（共著）2008年

田中克志（たなか・かつし）
静岡大学大学院法務研究科長・教授，法学博士，民法
〔業績〕『抵当権効力論』信山社，2002年，「在宅サービスと自治体の法的責任」，坂本重雄・山脇貞司編著『高齢者介護の政策課題』勁草書房，1996年，「ドイツにおける高齢者介護制度と高齢者の権利保障(1)(2)」『法政研究』（静岡大学）3巻3・4号，4巻1号，1999年

田辺 肇（たなべ・はじめ）
静岡大学大学院人文社会科学研究科・教授，修士（心理学），臨床心理士，精神保健福祉士，心理学・心理臨床
〔業績〕「「解離」の理解と心理臨床，認知行動アプローチ－臨床心理学のニューウェーブ」『現代のエスプリ』392，至文堂，2000年，下山晴彦・丹野義彦編『解離現象 異常心理学Ⅰ』（講座臨床心理学）東京大学出版会，2002年，「催眠と意識現象－「解離」概念の検討」『催眠学研究』48巻，2004年，P. バニスター・E. バーマン・I. パーカー他著『質的心理学研究法入門－リフレキシビティの視点』（共訳）新曜社，2008年

田畑 治（たばた・おさむ）
愛知学院大学心身科学部・教授，同大学院心身科学研究科長，教育学博士，臨床心理士，臨床心理学
〔業績〕（財）日本臨床心理士資格認定協会編『臨床心理士の歩みと展望』（共著）誠信書房，2008年，伊藤良子編『臨床心理学』（共著）ミネルヴァ書房，2008年，J. O. プロチャンスカ&J. C. ノークロス編／上里一郎監訳『心理療法の諸システム』（共訳）金子書房，2009年近刊

執筆者一覧

玉井真理子(たまい・まりこ)
信州大学医学部・准教授,保健学博士,教育学修士,臨床心理士,心理学・生命倫理学
〔業績〕『遺伝医療とこころのケア』(NHKブックス)日本放送出版協会,2007年,『遺伝相談と心理臨床』(編著)金剛出版,2006年,『すてられる命,利用される命』(編著)生活書院,2008年

橋本 剛(はしもと・たけし)
静岡大学人文学部・准教授,博士(教育心理学),社会心理学
〔業績〕『ストレスと対人関係』ナカニシヤ出版,2005年,『大学生のためのソーシャルスキル』サイエンス社,2008年

浜渦辰二(はまうず・しんじ)
大阪大学大学院文学研究科・教授,博士(文学),臨床哲学,倫理学
〔業績〕『フッサール間主観性の現象学』創文社,1995年,《ケアの人間学》入門』(編著)知泉書館,2005年,「対人援助の倫理と法-「臨床と法」研究会活動報告」(編著)科学研究費補助金・基盤研究(B)研究成果報告書,2008年,フッサール著『デカルト的省察』岩波文庫,2001年,「ナラティヴとパースペクティヴ――〈かたり〉の虚と実」をめぐって,〈かたり〉と〈作り〉」,木村敏・坂部恵監修『臨床哲学の諸相』河合文化教育研究所,2009年,「生と死をケアすること-ケアの現象学的人間学から」『哲學』58,日本哲学会編,法政大学出版局,2007年

早矢仕彩子(はやし・さいこ)
中部大学現代教育学部・教授,博士(教育心理学),臨床心理士,臨床心理学
〔業績〕『人間援助の諸領域――その心・実践・研究』(共著)ナカニシヤ出版,2000年,『臨床実践の知』(共著)ナカニシヤ出版,2003年,「再登校した女児の母親面接事例と母親面接の意義」『静岡大学心理臨床研究』1,2002年,「学習に遅れがある男児のしつけに悩む母親の面接過程と子どもの変化」『静岡大学心理臨床研究』4(共著論文)2005年

藤代富広(ふじしろ・とみひろ)
埼玉県警察本部犯罪被害者支援室,修士(教育学),臨床心理士
〔業績〕「被害者支援における臨床心理士の活動」『被害者支援と臨床心理士の課題』日本臨床心理士資格認定協会,2002年,「児童虐待を伴うドメスティック・バイオレンスへのブリーフセラピー」,宮田敬一編著『児童虐待へのブリーフセラピー』金剛出版,2003年,「DV被害相談に関わる支援者・相談員の心理と課題」『家族心理学年報23』金子書房,2005年,「ドメスティック・バイオレンス被害者への支援」『現代のエスプリ』500,至文堂,2009年

藤本 亮(ふじもと・あきら)
静岡大学大学院法務研究科・教授,修士(法学),M. S. in Sociology,法社会学(司法制度論・法意識研究)
〔業績〕河合隼雄・加藤雅信編『人間の心と法』(共著),有斐閣,2003年,和田仁孝・樫村志郎・阿部昌樹編『法社会学の可能性』(共著)法律文化社,2004年,菅原郁夫他編『法と心理学のフロンティア Ⅱ巻 犯罪・生活編』(共著)北大路書房,2005年,『日本人の契約観』(共編著)三省堂,2005年

南山浩二(みなみやま・こうじ)
静岡大学人文学部・教授,博士(社会福祉学),家族社会学・臨床社会学
〔業績〕『精神障害者-家族の相互関係とストレス』ミネルヴァ書房,2006年,『社会学-社会理論と社会システム』(共編著)へるす出版,2009年,ポーリン・ボス著『「さよなら」のない別れ別れのない「さよなら」――あいまいな喪失』学文社,2005年,「ある医師にとっての「薬害HIV」――「弱み」を「語り」「聞き取る」」,桜井・山田・藤井編『過去を忘れない――語り継ぐ経験の社会学』せりか書房,2008年

宮下修一(みやした・しゅういち)
静岡大学大学院法務研究科・准教授,博士(法学),民法・消費者法
〔業績〕『消費者保護と私法理論-商品先物取引とフランチャイズ契約を素材として』信山社,2006年,「消費者契約法の改正課題-契約取消権および情報提供義務を中心にして」『法律時報』79巻1号,2007年,「民法における「公共の福祉」の現代的意義」『名古屋大学法政論集』227,2008年,カール・リーゼンフーバー著「ドイツ民法典-その背景と発展及び今後の展望」(訳)『ジュリスト』1356,2008年,詹森林著「台湾における民法典の制定」(訳)『ジュリスト』1359,2008年

渡部敦子(わたなべ・あつこ)
関西福祉科学大学社会福祉学部・講師,修士(教育学),臨床心理学
〔業績〕「対人不安と自己呈示-さまざまな対人場面における自己呈示動機付けと効力感について」

『東北大学大学院教育学研究科研究年報』51，2003年，「対人恐怖心性の高い者の性格における二面性についての研究－強力性と弱力性という観点から」『静岡大学心理臨床研究』5，2006年,「対人恐怖心性と両親・友人像との関連－ソーシャルサポートの観点から」『関西福祉科学大学心理・教育相談センター紀要』5，2007年

松田　純（まつだ・じゅん）
静岡大学人文学部・教授，博士（文学），生命倫理学・人間学
〔業績〕『遺伝子技術の進展と人間の未来－ドイツ生命環境倫理学に学ぶ』知泉書館，2005年，『薬剤師のモラルディレンマ』（共編著）南山堂，2009年近刊，ドイツ連邦議会審議会答申『人間の尊厳と遺伝子情報－現代医療の法と倫理（上）』（監訳）2004年，同『受精卵診断と生命政策の合意形成－同（下）』（同）2006年，同『人間らしい死と自己決定－終末期における事前指示』（共訳）2006年，生命環境倫理ドイツ情報センター編『エンハンスメント－バイオテクノロジーによる人間改造と倫理』（共訳）2007年，以上，知泉書館

江口昌克（えぐち・まさかつ）
静岡大学大学院人文社会科学研究科・准教授，修士（教育学），臨床心理士，精神保健福祉士，臨床心理学・コミュニティ心理学
〔業績〕『心のケアのためのカウンセリング大事典』（共著）培風館，2005年，『スクールカウンセリングの基礎知識』（共著）新書館，2002年，『衛生・福祉に関わる職員，ボランティアのための手引きシリーズ』（監修）東京都豊島区政策情報ルーム，2002年

正木祐史（まさき・ゆうし）
静岡大学大学院法務研究科・准教授，博士（法学），刑事法・少年法
〔業績〕葛野尋之編『少年司法改革の検証と展望』（共著），日本評論社，2006年，山口直也・上田信太郎編『ケイスメソッド刑事訴訟法』（共著）信山社，2007年，刑事立法研究会編『更生保護制度改革のゆくえ－犯罪をした人の社会復帰のために』（共著）現代人文社，2007年，ゲラルト・グリュンヴァルト著『ドイツ刑事証拠法』（共訳）成文堂，1999年，E. W. バトラー他著『マクマーチン裁判の深層－全米史上最長の子ども性的虐待事件裁判』（共訳）北大路書房，2004年

静岡大学人文学部研究叢書 20

〔ケースブック　心理臨床の倫理と法〕　　　　ISBN978-4-86285-054-6

2009年3月25日　第1刷印刷
2009年3月30日　第1刷発行

編者　松田　純
　　　江口昌克
　　　正木祐史

発行者　小山光夫
印刷者　藤原愛子

発行所　〒113-0033 東京都文京区本郷1-13-2
電話03(3814)6161　振替00120-6-117170
http://www.chisen.co.jp
　　　　株式会社　知泉書館

Printed in Japan

印刷・製本／藤原印刷